Katja K.

Wenn die Kuckuck
zweimal klingelt –

Kurioses aus dem Leben
einer Gerichtsvollzieherin

MIRA® TASCHENBUCH
Band 95060
1. Auflage: November 2014

MIRA® TASCHENBÜCHER
erscheinen in der Harlequin Enterprises GmbH,
Valentinskamp 24, 20354 Hamburg
Geschäftsführer: Thomas Beckmann

Originalausgabe

Konzeption/Reihengestaltung: fredebold&partner GmbH, Köln
Umschlaggestaltung: pecher und soiron, Köln
Redaktion: Iris Paepke
Coverillustration: Roland Pecher, Köln
Satz: GGP Media GmbH, Pößneck
Druck und Bindearbeiten: CPI – Ebner & Spiegel, Ulm
Printed in Germany
Dieses Buch wurde auf FSC®-zertifiziertem Papier gedruckt.
ISBN 978-3-95649-068-2

www.mira-taschenbuch.de

Werden Sie Fan von MIRA Taschenbuch auf Facebook!

INHALTSVERZEICHNIS

VORWORT

Katja K. ist ein Pseudonym für eine der interessantesten Frauen, denen ich jemals begegnet bin. Sie stammt aus Norddeutschland, lebte eine Weile in Afrika, ließ sich scheiden und kehrte zurück nach Europa – nach München, um ihrer an Alzheimer erkrankten Mutter beizustehen. Sie bewirbt sich im mittleren Justizdienst, doch die alltägliche Büroarbeit ist nichts für eine Frau, die „neugierig auf Menschen ist".

Katja K. absolviert die theoretische und praktische Ausbildung an der Bayerischen Justizschule in Pegnitz. Mit der Abschlussprüfung wird sie Justizfachwirtin und Gerichtsvollzieherin.

Es ist kein Beruf wie jeder andere. Die Gerichtsvollzieherin Katja K. trifft auf Menschen jeden Alters, jeden Einkommens, jeden Temperaments: auf den arroganten Promifußballer, die spielsüchtige Baronesse, die verzweifelte Mutter, die schrille Operndiva, die schöne Betrügerin ... ja sogar Tote tauchen wieder auf.

Ihnen allen gemeinsam ist, dass sie pleite sind. Früher oder später müssen sie der Gerichtsvollzieherin die Tür öffnen. Das gibt Tränen und Beleidigungen bis hin zu körperlichen Attacken. Doch eben auch schöne, skurrile und heitere Begegnungen.

Aus den Erlebnissen und Erzählungen der Katja K. ist dieses Buch entstanden. Selbstverständlich wurden auch die Namen aller Beteiligten verändert. Doch das nimmt den Münchner

G'schichten rund um das liebe Geld nichts von ihrer Spannung und von ihrem Witz. Lassen Sie sich immer wieder aufs Neue überraschen ...

Die Herausgeberin

HERZ IM SPIEL

Es war sehr kalt in der Wohnung. Adele B. trug einen Pullover unter einer dicken Strickweste; um den Hals hatte sie einen Schal geschlungen. Ihr Baby, das sie um den Bauch gebunden trug, war auch winterfest eingepackt. Ich schätzte die Temperatur auf unter zehn Grad und behielt meinen Mantel an.

„Gehen wir in die Küche, dort ist es noch am wärmsten. Der Vermieter hat die Heizung abgestellt, weil ich … na ja, das wissen Sie ja. Deshalb sind Sie doch hier."

„Das darf er gar nicht: die Heizung abstellen." Ich folgte ihr in die Küche, die nicht ganz so eisig war. Sie bot mir einen Platz am Küchentisch an.

„Soll ich uns Tee machen? Das wärmt von innen. Er sagt, die Heizung ist kaputt und die Handwerker kommen morgen. Das sagt er schon seit zwei Tagen."

Sie setzte Wasser auf, und die Gasflamme gab ein wenig Hitze ab. „Ich komme mit der Kälte schon klar. Hab nur Angst, dass Melanie krank wird. Deshalb trage ich sie immer am Körper, um ihr Wärme abzugeben."

Ich fühlte mich schlecht in meinem dicken Steppmantel. Adele B. war eine meiner ersten Fälle; ich kam frisch von der Ausbildung. Auf Armut und Kälte mitten in München war ich nicht vorbereitet. Nicht so.

Adele B. war eine hübsche junge Frau, madonnenhaft, sehr schlank, mit langen dunklen Haaren und großen traurigen Augen. Sie war Hartz-IV-Empfängerin, eine alleinerziehende Mutter, die mit Miete, Strom und Telefon im Rückstand war.

Auch auf Raten gekaufte Möbel und Haushaltsgeräte waren seit Monaten nicht mehr bezahlt worden.

Sie stellte zwei Teetassen auf den Tisch und setzte sich zu mir. Das Baby schlief.

„Ich weiß, dass ich ein paar Leuten Geld schulde. Aber es ist so schwer, mit dem Wenigen zurechtzukommen. Melanies Vater zahlt nichts; der ist gleich nach der Geburt verschwunden."

„Haben Sie keine Eltern oder andere Verwandte, die Sie unterstützen könnten?"

Sie schüttelte den Kopf. „Meine Eltern haben selbst nichts, und von meinen Brüdern erhoffe ich mir nichts. Dabei hat alles gut angefangen. Nach der Lehre habe ich als Sprechstundenhilfe bei einem Zahnarzt gearbeitet und ordentlich verdient. Na, und dann kam eines Tages Boris in die Praxis. Er war meine erste große Liebe. Und es war ja auch alles wunderbar – bis ich schwanger wurde. Er wollte nicht heiraten, und er wollte auch das Kind nicht. Ich hab es trotzdem bekommen. Melanie ist jetzt zwölf Monate alt. Babynahrung kostet ein Vermögen."

„Und an diesen Boris kann man nicht rankommen, damit er Unterhalt für das Kind zahlt?"

Sie lächelte mutlos. „Er ist professioneller Pokerspieler. Immer unterwegs. Ich glaube, zurzeit ist er in Amerika. Und ich habe sowieso kein Geld für einen Anwalt."

Die Spirale der Armut dreht sich immer nur nach unten. Ich blickte mich in der Küche um, während ich meine Hände an der Teetasse wärmte. Alles sehr einfach eingerichtet, es sah nach Secondhandmöbeln aus. „Darf ich mich in der Wohnung umschauen?"

Adele B. nickte. Ich stand auf und ging in das große Zimmer neben der Küche. Ein Doppelbett stand darin, eine verschlissene Couch, ein Sessel und ein Holzregal mit Büchern und Schallplatten. Ein alter Plattenspieler, doch Adele B. hatte weder Fernsehapparat noch Stereoanlage. Die Kleider hingen an einer Stange, die an eine Wand montiert war. Eine Kommode und ein Spiegel vervollständigten die Einrichtung ihrer Wohnung. Sie kostete 650 Euro im Monat, und Adele B. war zwei Mieten im Rückstand.

Sie war mir gefolgt und stand jetzt neben mir. „Der Vermieter hat angeboten, mir die Schulden zu erlassen, wenn ich ausziehe. Aber wo soll ich hin mit einem Kind und ohne Job? Ohne Geld. Boris hat das bisschen, das ich gespart hatte, mitgenommen, als er verschwand. Oder besser gesagt, ich war so blöd, es ihm zu leihen."

Nun weinte sie. Zwei dicke Tränen liefen über die blassen Wangen in den braunen Strickschal.

Ich fühlte mich schlecht und schlechter. Melanie wachte auf und begann zu schreien.

„Ich muss sie jetzt füttern. Kommen Sie mit in die Küche?"

Wir setzten uns wieder an den Tisch, und sie erwärmte ein Gläschen mit Brei.

„Wo schläft Melanie?"

„Bei mir im Bett. Ich hatte kein Geld für …"

Es gab für vieles Zuschüsse vom Sozialamt, das sagte ich ihr und auch, dass wir einen Finanzplan erstellen müssten, damit sie eine Chance hatte, aus der Schuldenfalle herauszukommen. „So leicht kann der Vermieter Sie nicht rauswerfen in Ihrer Situation. Und er darf die Heizung nicht abdrehen, das müssen Sie ihm sagen."

„Er bestreitet ja, dass er sie abgestellt hat. Ich weiß wirklich nicht mehr, was ich noch machen kann …"

Adele B. weinte jetzt lautlos, und ich begann, vor Mitleid innerlich zu zerfließen.

Doch das half ihr ja nicht. Also erstellte ich einen Plan über mögliche Zuschüsse des Sozialamts, Adele B.s Einkommen, ihre Ausgaben und ihre Schulden. „Wenn das Sozialamt mitspielt und Sie ganz vorsichtig wirtschaften, könnten Sie 50 Euro im Monat an Schulden abtragen. Was ist eigentlich mit den Geräten passiert, die Sie auf Kredit gekauft haben: TV-Gerät, Stereoanlage, eine Mikrowelle, Computer und Staubsauger?"

Sie sah mich erstaunt an. „Die hat Boris verkauft, um seine Spielschulden zu zahlen. Sonst hätte man ihm ins Knie geschossen."

Mein Mitleid mit Boris hielt sich in Grenzen. „Ist Ihnen nie der Gedanke gekommen, dass ein Pokerspieler kein guter Vater für Ihr Kind ist?"

Adele B. lächelte zum ersten Mal. „Doch. Aber ich habe ihn geliebt."

Liebe macht blind, dachte ich, und dass sie wunderschöne Augen hatte, selbst wenn sie weinte. Verflucht sollte dieser Boris sein, der sie in diesen Schlamassel gebracht hatte. „Wollen wir es so machen mit dem Finanzplan? Und morgen gehen Sie zum Sozialamt und beantragen die Beihilfen. Es dauert vielleicht ein paar Wochen, aber es wird Ihre finanzielle Situation ganz sicher verbessern."

Adele B. fütterte das Baby mit Brei. „Kindernahrung ist auch so teuer. Ich weiß wirklich nicht, wie ich klarkommen kann. Habe ich denn eine Chance?"

Ihr flehender Blick rührte mein Herz. „Ja, das verspreche ich. Wenn Sie alles befolgen, was ich Ihnen vorgeschlagen habe, kommen wir vorerst auch um den Offenbarungseid herum. Wenn Sie sich um einen Krippenplatz für Melanie bemühen, können Sie vielleicht auch wieder arbeiten. Ich meine, die Schulden sind nicht so hoch, dass sie nicht zu begleichen wären."

„Wie viel ist es insgesamt?"

Ich sah auf meine Tabellen. „Alles zusammen sind wir bei 7945 Euro. Ein überschaubarer Betrag."

Adele B. lächelte traurig. „Für mich ist das eine Riesensumme. Ich kann mir nicht vorstellen, dass …"

„Doch", sagte ich, „es wird gehen, wenn Sie nur wollen. Sie sind jung und gesund. Sie haben eine Ausbildung und ihr ganzes Leben noch vor sich. Sie schaffen das, Adele, ich weiß es."

Ich glaubte es wirklich, und das schien sich auf sie zu übertragen. Adele B. wiegte ihr Kind und sah mich mit beinah glücklichem Gesicht an. „Ich finde es schön, dass Sie an mich glauben. Ich hatte nämlich große Angst, bevor Sie kamen. Ich dachte, Sie nehmen mir jetzt alles weg."

„Hier gibt es nichts, was ich wegnehmen könnte", sagte ich. „Haben Sie denn noch genug Geld, um Essen zu kaufen?"

Adele B. öffnete ihr Portemonnaie, das auf dem Tisch lang. Zwanzig Euro waren darin und ein paar Cents. „Es wird schon reichen bis zum Monatsende", sagte sie. „Manchmal hilft mir auch eine Nachbarin aus. Es gibt ein paar gute Menschen."

Und ein paar böse auch, dachte ich. Ich hatte 200 Euro in meiner Tasche, die ich vorher am Bankautomaten gezogen hatte. Ich überlegte nur kurz, bevor ich sie herausholte und auf den Küchentisch legte. Total unprofessionell, wirklich bescheuert, aber ich konnte einfach nicht anders. „Kaufen Sie sich einen Heizstrahler und was zu essen. Sie müssen mir das nicht wiedergeben. Es ist ein Geschenk. Eine Starthilfe sozusagen."

Dass sie mich umarmte, kam überraschend. Es war mir unangenehm, und jetzt wollte ich nur noch so schnell wie möglich weg aus der kalten Wohnung. „Heizstrahler kaufen – und ich werde Ihren Vermieter anrufen und ihm Bescheid geben."

„Danke, danke", sagte Adele B., als ich sie sanft wegschob, um dann aufzustehen.

„Passt schon. Ich wünsche Ihnen viel Glück für die kommende Zeit."

Mit diesen Worten zog ich die Wohnungstür zu. Auch im Hausflur war es kalt. Ich ging langsam die Treppe hinunter und schwor mir, dass ich nie wieder in meinem Job Geld verschenken würde. Aber dieses eine Mal schien es mir richtig zu sein.

Einmal ist keinmal, und ich glaubte ja wirklich daran, dass Adele B. es mit festem Willen und ein bisschen Glück schaffen könnte.

Ein Stockwerk tiefer öffnete sich eine Tür und eine alte Frau sprach mich an. „Waren Sie bei der Adele?"

Ich sah sie irritiert an, blieb aber stehen.

„Ich helf dem armen Kind ab und zu aus. Schuldet sie Ihnen auch Geld?"

Ich schüttelte den Kopf. Wollte weitergehen, doch sie hielt mich fest. „Die Adele ist keine schlechte, das müssen Sie mir glauben. Es ist der Mann, dieser Boris. Der ruiniert sie noch."

„Ich dachte, der ist weg." Das rutschte mir so raus.

Die Alte lachte. „Der doch nicht. Solange bei der Adele was zu holen ist. Der Boris wohnt neben mir, vermietet aber an seine Kumpel, und dann schläft er oben bei ihr. Heute Morgen haben sie geräumt. Fernseher, Computer, das Stereodings … das haben sie alles in seine Bude getragen. Verstehe ich nicht!"

Ich verstand das schon. „Und das Kind?"

„Welches Kind?"

Langsam dämmerte mir, dass ich eine komplette Idiotin war.

„Die Adele macht manchmal Babysitter für Leute im Haus, seit sie aus ihrer Arbeit geflogen ist. Die hat keine eigenen Kinder. Aber wenn sie auf Leute trifft, denen sie Geld schuldet, dann macht sie auf Mutter und Kind."

Die alte Frau schaute mich prüfend an. „Sie sehen aus wie eine vom Amt. Hab ich jetzt was Falsches gesagt? Es liegt nicht an ihr, wissen Sie, sondern an diesem Spieler, der Teufel soll seine verrottete Seele holen."

„Warum hat Adele ihre Arbeit verloren?"

Sie sah mich misstrauisch an.

„Warum wollen Sie das wissen?" „Ich möchte ihr helfen."

Das war ja nicht gelogen.

„Tja, Genaues weiß man nicht, aber ich glaube, die Gute hat in die Portokasse gegriffen. Alles nur, weil sie diesem Boris verfallen ist, das ist wie eine Krankheit, sag ich Ihnen."

Zwei Männer in Arbeitskleidung kamen die Treppe hoch. „Die Heizung müsste jetzt wieder gehen", sagte einer von ihnen zu der alten Frau.

Sie seufzte erleichtert. „Seit wann", fragte ich, „war sie denn kaputt?"

„Seit gestern. Die Handwerker sind seit heute Morgen da."

Wieder ein Punkt, bei dem mich Adele belogen hatte. Ich bedankte mich für die Auskunft und setzte meinen Weg nach unten fort. Ziemlich wütend auf mich selbst, aber dann sagte ich mir, dass ich diesen Fehler kein zweites Mal machen würde.

EIN GLÜCKSBRINGER AUS KATZENGOLD

Gregor B. war überall und nirgendwo. Ich konnte den Schauspieler zwar jede Woche in einer der täglichen Seifenopern im Fernsehen bewundern, zu Hause angetroffen habe ich ihn nie. Seit Wochen trug ich einen Pfändungsbescheid mit mir herum.

Es war wirklich ein Hase-und-Igel-Spiel. Wobei ich anfangs eindeutig die Rolle des Hasen hatte. Er trickste mich nach allen Regeln der Kunst aus. Er tauchte auf, und wenn ich seiner habhaft werden wollte, war er schon wieder verschwunden.

Seine Schulden waren in den einzelnen Positionen nicht mal horrend. Hier ein paar Tausend Euro für Klamotten, dort eine unbezahlte Zahnarztrechnung oder einige Leasingraten für einen BMW, die er im Rückstand war. Die Crux bei diesem Kunden war: Kaum hatte er einen seiner Gläubiger befriedigt, gab es schon einen weiteren Titel. Er schien einer der Typen zu sein, die ihren Frust mit einem schier unersättlichen Kaufzwang kompensieren wollten. Was, wie man weiß, ja nur kurzfristig funktioniert. Diese Spezies verschwendet keinen einzigen Gedanken daran, wie sie das gerade wieder aufgerissene Finanzloch stopfen kann. Sie gibt Geld aus, das sie nicht hat, und versucht dann vor den Folgen zu fliehen. Sie spielt dieses unwürdige Hase-und-Igel-Spiel, bei dem sie letztendlich verliert.

Ein Kollege sagte mir mal: „Die Künstler sind die schlimmsten. Sie können nicht mit ihrem Geld umgehen. Und wenn unsereiner sie sucht, haben sie sich in Luft aufgelöst! Bei einem normalen Angestellten hat man wenigstens eine Adresse, wo man pfänden kann. Schlimmstenfalls beim Arbeitgeber!"

Bei Gregor B. die Gage zu pfänden, hatten schon andere erfolglos versucht. Von seinem Verdienst blieb, nachdem er den Unterhalt für seine geschiedene Frau und die drei Kinder bezahlt hatte, wenig übrig.

Ob er noch andere Einkünfte hatte, konnte ich nicht ermitteln. Auftritte bei Lesungen oder auf Kreuzfahrtschiffen waren beliebte Zusatzgelder in diesen Berufen. Ihn allerdings auf einem Kreuzfahrtdampfer zu stellen, war natürlich illusorisch. Von Lesungen im Münchner Raum erfuhr ich immer erst, wenn sie schon gelaufen waren.

Auf meine Briefe reagierte er nicht. Manchmal dachte ich, ich bin hinter einem Phantom her. Eine neugierige Nachbarin von ihm sagte einmal kopfschüttelnd zu mir: „Finden Sie nicht, dass Sie zu weit gehen?"

Mir war nicht ganz klar, was sie meinte, und ich fragte deshalb: „Was meinen Sie denn damit?"

„Na ja", sagte sie, „ich habe Sie jetzt hier vor seiner Wohnungstür zum dritten Mal gesehen. Sie stellen ihm ja geradezu nach. Nennt man so etwas nicht Stalking?"

Ich musste ob dieser Verdächtigung schlucken. Den eigentlichen Grund für meine vergeblichen Hausbesuche konnte ich ja schlecht offenlegen.

Und außerdem: Sehe ich aus wie eine Stalkerin? Zudem war Gregor B. schon mal rein optisch überhaupt nicht mein Typ. In den TV-Serien, in denen er auftrat, spielte er immer den arroganten adligen Schnösel: blond, groß, mit leicht gewelltem, etwas längerem Haar und stets tadellos gekleidet. Eben so, wie sich die Kostümtante einen Adligen vorstellte.

Vor mir wäre er, allein wegen seines Äußeren, sicher gewesen.

Ich sagte also: „Falsch geraten, ich bin bestimmt kein Fan von Gregor B.!"

Kaum ausgesprochen, ärgerte ich mich, dass ich überhaupt etwas zu dieser Unterstellung gesagt hatte.

„Da müssten Sie sich auch hinten anstellen. So viele Weiber, wie der hat!"

Die neugierige Nachbarin musterte mich noch einmal kurz und verschwand dann hinter ihrer Wohnungstür.

Natürlich hätte ich die Sache Gregor B. ad acta legen können. Ich hätte seine Gläubiger anrufen und sie fragen können, ob sie auf einen Haftbefehl bestehen. Ehrlich gesagt war mir diese Möglichkeit zuwider. Ich bevorzugte die weniger radikale Lösung.

Ein People-Magazin berichtete, dass für den Ernst-Gärtner-Preis unter den Nominierten für eine Nebenrolle in einer TV-Serie auch mein Kunde war.

In drei Tagen würden in München die Preise verliehen. Sowohl die Verleihung als auch die anschließende Gala fanden im Münchner Prinzregententheater statt.

Ich hätte mir den Zutritt mit einem Gerichtsbeschluss beschaffen können. Das tue ich nur in wirklichen Notfällen. Wobei mich Menschen wie Gregor schon ärgern. Doch hin und wieder packt mich ein sportlicher Ehrgeiz.

Im Netz sah ich mir Bilder der letztjährigen Verleihung an. Ich musste, um zumindest in den Vorraum zu kommen, festlich gekleidet sein.

Von einer Freundin borgte ich mir einen langen Seidenrock und ein ausgeschnittenes Oberteil. In dem engen Rock kam ich mir etwas wie die Wurst in der Pelle vor. Meine Freundin allerdings behauptete: „Das muss so sein! Das ist sexy!"

Passende High Heels und eine kleine Handtasche besaß ich selbst. In die Tasche passten gerade so mein Ausweis, die Pfändungsunterlagen und der Lippenstift.

Ich stand eine knappe Stunde vor der offiziellen Einladung vor dem geöffneten Portal.

Ein riesiger Publikumsauftrieb wartete schon ungeduldig auf die Prominenz. Ein sehr junger Polizist fragte nach meiner Einladung.

Ich zeigte ihm meinen Dienstausweis. Er sah mich an, schüttelte den Kopf und meinte dann: „Was es alles so gibt! Wen haben Sie denn auf dem Schirm?"

Ich lächelte und zog bedauernd die Schultern hoch. „Das darf ich doch nicht sagen!"

„Na dann viel Spaß!" Er grinste und gab den Weg frei.

Ich war drin.

Jetzt hieß es warten. Nach etwa zwanzig Minuten brach draußen die Hölle los. Fotografen schrien: „Schau hier her, Senta! Uschi, dreh dich nochmals, und Matthias, Basti, wo ist deine Freundin? "

Ich stellte mich an eine der Säulen und versuchte, meinen Kunden in der Menge ausfindig zu machen. Ein Schwall von Parfüm waberte durch den Eingang. Die Damen und Herren hatten kräftig gesprüht.

Meine Füße in den viel zu hohen Pumps schmerzten. Am liebsten wäre ich umgekehrt. Doch dann sah ich ihn: meinen Wunschkandidaten!

Er trug einen fabelhaft sitzenden Smoking, das Haar frisch gegelt. An seinem Arm die neueste Errungenschaft: Ivanca, eine kroatische Schlagersängerin – wie ich aus den Zeitungsausschnitten wusste. Ivanca, ganz in Goldlamé, mit einem Ausschnitt, der mehr zeigte, als man eigentlich sehen wollte. Das Paar schritt zur Garderobe.

Ich atmete tief durch, klemmte meine Tasche fester unter den Arm und ging auf die beiden zu. Ivanca, das Goldkehlchen, versuchte mich zur Seite zu schieben. Ich öffnete meine Tasche, um den Ausweis zu zeigen.

„Später", sagte Gregor B. genervt. „Autogramme gebe ich später!"

„Ich möchte kein Autogramm von Ihnen", erwiderte ich. „Ich bin dienstlich hier!"

Draußen hatte es zu regnen begonnen. Die Gäste drängten in die Halle.

Ivanca wurde ungeduldig.

„Wir müssen in den Saal!", quengelte sie. „Die kann doch ein anderes Mal mit dir reden!"

„Kann sie nicht!", sagte ich, langsam knurrig werdend.

„Herr B., das hier ist mein Ausweis. Ich werde jetzt eine Taschenpfändung bei Ihnen vornehmen! Bitte zeigen Sie mir Ihre Brieftasche!"

Gregor B. starrte mich entsetzt an.

„Ihre Brieftasche, und leeren Sie anschließend Ihre Taschen!"

Plötzlich begann Ivanca zu kreischen.

„Hilfe – ein Überfall!", schrie sie. „Hier will jemand Geld rauben! Hilfe!"

Der Lärm um uns herum erstarb. Alle starrten auf Gregor B. und seine hysterische Begleiterin.

Einer der Gäste kam zu mir.

„Darf ich Sie fragen, was Sie hier tun?", fragte er sehr höflich.

„Ich nehme eine Taschenpfändung vor. Die ohne Schwierigkeiten verlaufen könnte, wenn die Dame hier nicht so ein Spektakel veranstalten würde."

„Eine Taschenpfändung", wiederholte der ältere Herr. „Ja, dann will ich nicht stören!"

Gregor B. war blass geworden. Einige der Fotografen und Journalisten näherten sich uns. Ivanca schimpfte auf Kroatisch weiter. Ich hätte meinem Kunden diesen Aufstand gern erspart.

„Lassen Sie uns doch in einen der Nebenräume gehen", schlug ich vor.

Gregor B. nickte ergeben. Seine Freundin aber schien meinen Vorschlag als erneute Bedrohung zu empfinden.

„Polizei! Wann kommt denn hier endlich mal jemand! Die Frau raubt meinen Freund aus!"

Das Wort „Taschenpfändung" schien ihr nichts gesagt zu haben.

„Hör auf zu brüllen, du dumme Gans! Siehst du denn nicht, dass uns alle anstarren!"

Die „dumme Gans" begriff tatsächlich nichts. Sie zerrte einen der herbeigeeilten Polizisten am Arm und stellte sich Gregor B. in den Weg.

„Sag ihm, dass die Person dich ausrauben will! Sie hat deine Brieftasche verlangt!"

Ich zeigte dem Polizisten, dem der ganze Zirkus denkbar peinlich war, meinen Ausweis.

„Ich werde bei Herrn B. eine Taschenpfändung vornehmen! Dazu bin ich berechtigt. Hier findet mitnichten ein Raub statt!"

Inzwischen war die Meute der Fotografen um uns herum versammelt. Sie blitzten, was das Zeug hielt. Das kroatische Goldkehlchen warf sich äußerst fotogen in die Brust und posierte.

„Mein armer, armer Gregor", jammerte sie und lächelte dabei, damit sie auf den Fotos besonders gut rüberkam.

Ich schnappte mir meinen Kunden und zerrte ihn in einen Nebenraum. Er war schweißüberströmt.

„Hätten Sie das nicht diskreter handhaben können?", fragte er und seufzte. „Die Schlagzeilen morgen früh kann ich mir gut vorstellen: Taschenpfändung beim Preisträger. Damit kann ich mich beruflich gleich abmelden!"

Ich beschloss, das nicht zu kommentieren. Schließlich hatte ich versucht, ihm diese Situation zu ersparen.

„Bitte geben Sie mir Ihre Brieftasche und leeren Sie Ihre Taschen aus", bat ich ihn.

Ivanca stand, nun ebenfalls sehr blass um die Nase, an der Tür.

„O Gott, o Gott", jammerte sie unablässig.

Genervt drehte sich mein Kunde zu ihr um. „Kannst du nicht endlich mal die Klappe halten?", zischte er sie an.

Auf dem Tisch vor mir lagen jetzt: die Brieftasche, ein Schlüsselbund, ein Feuerzeug und eine Schachtel Zigaretten.

Die Brieftasche war aus Krokoleder. Ich nahm sie hoch und fuhr mit dem Finger über das Leder.

„Leider unecht", sagte ich und bat Gregor B., den Inhalt auf den Tisch zu legen.

„Auch das Kleingeld?", fragte er spitz.

„Nur die Scheine!"

Es war nicht viel.

Sechsundachtzig Euro zählte ich. Das brachte nichts, nicht mal ein Zehntel der Summe, die ich pfänden sollte.

Ich schob ihm das Geld wieder zu.

„Das kann ich nicht gebrauchen. Es ist viel zu wenig!"

Ungeheuer flink wollte er den Rest seines Tascheninhaltes wieder wegstecken.

Mein Blick fiel auf das Feuerzeug.

„Halt", sagte ich. „Das muss ich mir näher anschauen!"

Es war ein schweres Designerteil mit einigen Steinen auf der Vorderseite.

„Das ist ebenfalls nicht echt! Ich habe es vor Jahren von einem Fan geschenkt bekommen. Es ist sozusagen mein Glücksbringer. Nicht wertvoll, aber ein Glücksbringer!"

Von wegen nicht wertvoll! Für wie dämlich hielt mich dieser Windhund eigentlich? Der Goldstempel war an der Unterseite des Feuerzeuges und die Steine schienen auch nicht von Swarovski zu sein.

Gregor wurde noch unruhiger, als er sah, dass ich nicht gewillt war, sein Prachtstück zu retournieren.

„Dafür schreibe ich Ihnen eine Quittung. Wir werden das Feuerzeug schätzen lassen. Ansonsten bin ich hier fertig. Ach, und herzlichen Glückwunsch zu Ihrem Preis!"

Ziemlich überstürzt hastete das Pärchen nach draußen.

Die Preisverleihung selbst sparte ich mir. Ich wollte nur noch nach Hause, die Marterpumps ausziehen und ein Glas Wein trinken.

Die Schlagzeilen am nächsten Tag hatten es in sich. Taschenpfändung bei der Preisverleihung! Gregor B. musste selbst seinen Glücksbringer abgeben.

Auf einem der Fotos war ich zu sehen. Neben mir das kroatische Goldkehlchen, das mich giftig anblickte.

Ein wenig hatte ich ein schlechtes Gewissen. Vielleicht wäre es besser gewesen, Gregor B. nicht in aller Öffentlichkeit zu pfänden. Jetzt wusste alle Welt, dass er Schulden hatte.

Meine Freundin zeigte mir einen Vogel. „Seit wann hast du denn Mitleid mit deinen Kunden? Hauptsache, er kommt in der Klatschpresse vor und sein Name ist richtig geschrieben. Morgen spricht schon keiner mehr von ihm. Dann jagen die Pressefuzzis schon die nächste Sau durchs Dorf!"

Ach ja, das Feuerzeug hat unser Experte geschätzt: Es war eine Fälschung. Allerdings eine sehr geschickt gemachte, wie unser Experte versicherte.

Ich habe Gregor B. seinen Glücksbringer zurückgeschickt. Neue Pfändungsbegehren landeten bisher nicht auf meinem Schreibtisch.

Vielleicht hat das Feuerzeug ja doch magische Kräfte. Wahrscheinlich muss man nur ganz fest daran glauben.

KUCKUCK IM BORDELL

Heidi S. hatte ich vor fünf Jahren schon einmal aufgesucht. Das war, als sie mit ihrem Kosmetiksalon pleiteging. Sie war damals um die 30, eine hübsche, kurvenreiche Rothaarige, lebenslustig und voller Energie und großer Pläne, doch sträflich unbedarft in allen Gelddingen. Sie hatte die Einrichtung ihres Salons – „nur vom Feinsten" – über Kredite finanziert, und die konnte sie irgendwann nicht mehr bedienen. Die Banken, die ihr „so nett" und mit hohen Zinsen unter die Arme gegriffen hatten, zeigten dann bald ihr anderes Gesicht: Heidis Salon wurde gepfändet, sie verlor auch ihren kleinen Sportwagen und die teure Uhr, auf die sie immer so stolz gewesen war.

Sie war mir sympathisch gewesen, und ich hatte nicht gedacht, dass ich sie je wiedersehen würde. Schon gar nicht an einem Ort wie diesem: ein Bordell im schäbigeren Teil von Schwabing. Als sie mir an diesem Nachmittag die Tür öffnete, erkannte ich sie sofort wieder: Heidi S., ein paar Jahre älter, aber immer noch die hübsche Rothaarige mit den üppigen Kurven. Nur betonte sie diese noch mehr als vor Jahren: Das grüne Kleid war sündhaft eng und zeigte viel Fleisch. Sie war stark geschminkt und trug glitzernde Klunker. Die leibhaftige Verführung: So wollte sie aussehen. Ich grüßte artig und lächelte sie an wie eine alte Freundin.

„Hol mich doch der Teufel", sagte Heidi S., als sie mich erkannte. Ich sah ihr an, dass sie die Tür am liebsten wieder zugeworfen hätte, doch vorsorglich war mein Fuß dazwischen.

„Ich habe meinen Besuch angekündigt."

„Ja, ja", sagte sie und ließ mich durch, „Ich hab's einfach vergessen. Hab zu viel um die Ohren."

Von außen war es nur ein schäbiges kleines Haus, doch der Salon, in den Heidi mich führte, war – wie sie es genannt hätte – „vom Feinsten". Rot und Gold waren die vorherrschenden Töne, mit einer gläsernen Bar, plüschigen Sofas und in den Wänden eingelassenen Bildschirmen, die verschiedene Mädchen in verführerischen Posen zeigten.

„Wir sind ein Edelpuff", sagte Heidi S. mit gewissem Stolz in der Stimme. „Habe ich alles selbst eingerichtet. Ist doch toll, oder?"

Ich nickte nur und stellte meinen Aktenkoffer vorsichtig auf ein Sofa, das mit rotem Samt bezogen war. Dieser Ort war ungewöhnlich, selbst für eine Gerichtsvollzieherin. Das Licht war schummrig, die Temperatur hoch, und es roch nach giftigem Parfum. Leise Lounge-Musik kam aus unsichtbaren Lautsprechern. Auf einer Ottomane saßen zwei junge Frauen in Hotpants und strickten: die eine einen gelben Pullover, die andere einen orangen Schal.

Sie nickten mir freundlich zu und widmeten sich dann wieder ihrem Strickzeug.

„Das sind Angelique und Heloise. Das Stricken erlaube ich ihnen natürlich nur, wenn keine Kundschaft im Salon ist."

Heidi S., die Puffmutter, bot mir ein Getränk an, und ich entschied mich für Wasser.

„Wir haben auch eine super Espressomaschine", sagte sie. „Alles nur vom Feinsten."

Ein funkelndes, italienisches Gerät, das sehr teuer aussah. Ich nahm es schon mal auf die Liste. Italienische Espressomaschinen sind nicht lebensnotwendig, so wenig wie sechs Flachbildschirme, Kristalllüster und Perserteppiche. Sie hatte nichts dazugelernt seit der letzten Pleite.

„Wie viele Mädchen arbeiten hier?", fragte ich.

„Neben Angelique und Heloise noch Tamara, Diana und Lily. Sie kommen alle aus der Ukraine und haben natürlich Künstlernamen. Tamara ist bei ihrem Töpferkurs, und Diana und Lily sind gerade beschäftigt – mit Freiern", sagte sie auf meinen fragenden Blick.

Natürlich, wie blöd kann man sein.

Sie deutete nach oben. „Wir haben die Arbeitsräume im ersten Stock. Fünf Zimmer: das orientalische, das bayerische, das französische, das Krankenzimmer und das Sado-Maso-Studio. Für jeden Geschmack etwas, wie ich immer sage."

Die strickenden Mädchen kicherten. Sie waren hübsch, doch selbst im diffusen Licht war in ihren geschminkten Gesichtern eine Art Müdigkeit zu erkennen, weshalb sie älter wirkten, als sie vermutlich waren. Sie schienen nicht zu ahnen, was ich hier wollte, weil sie mich ab und zu neugierig ansahen. Vielleicht hielten sie mich für eine Ehefrau, die ihren Mann bis in den Puff verfolgte?

„Gibt es hier auch eine Art Büro?"

„Na, sicher", sagte Heidi S. Zu den Mädchen: „Wenn Kundschaft kommt, schaut erst auf das Kamerabild, bevor ihr öffnet. „Und holt mich, nachdem ihr dem Besuch Champagner angeboten habt."

Ich folgte ihr in ein kleines Büro, in dem große Unordnung herrschte. Den Satz, dass sie für Buchhaltung einfach nicht geschaffen sei, glaubte ich Heidi S. sofort. Ich legte ihr den Pfändungsbeschluss des Finanzamts auf den Stapel Rechnungen. Sie schuldete dem Fiskus 190 000 Euro.

„Das Finanzamt kann mich mal", sagte sie.

Wie oft in meinem Berufsleben hatte ich diesen Satz schon gehört? „Es hilft aber nichts, die Steuerbescheide zu ignorieren. Ich bin hier, um zu pfänden."

Sie schüttelte ihre roten Haare und funkelte mich wütend an. „Das hatten wir doch schon mal, oder? Wissen Sie, was ich nach dem letzten Offenbarungseid gemacht habe? Wenn ich als Kosmetikerin gearbeitet hätte, hätten die mir meinen Lohn unterm Arsch weggepfändet. Also bin ich auf den Strich gegangen. Brutto gleich netto. Und ich lernte Alfons kennen. Zwar Zuhälter, aber einer von der seltenen netten Sorte. Alfons hatte Krebs und hat mir einen Batzen Geld geschenkt, bevor er starb. War schon eine Art Liebe, denke ich. Na, jedenfalls habe ich mit Alfons' Geld diesen alten Schuppen gekauft und ein Bordell daraus gemacht. Nur vom Feinsten. Und ich behandle die Mädchen anständig. Meine Kredite für dies und das, die stottere ich auch ab. Alles paletti. Bis auf das Scheiß-Finanzamt. Ich hab das Geld nicht. 50 000 könnte ich auftreiben, mehr ist nicht drin."

„Ich bin sicher, man könnte mit dem Finanzamt über monatliche Ratenzahlungen verhandeln. Die haben ja auch nichts davon, wenn Sie den Puff – Entschuldigung, das Bordell – schließen müssen."

„Puff ist schon okay – und das geht den Steuerfuzzis doch am Allerwertesten vorbei. Aber ich kann ja mal den Steuerberater fragen, ob der was machen kann."

Sie hatte einen Steuerberater! Das war doch schon mal ein Fortschritt gegenüber dem letzten Mal. Heidi S. sah nicht mehr ganz so wütend aus.

„Sie sollten mit ihm zu dem Sachbearbeiter gehen und einen Deal aushandeln. Die 50 000 anbieten und dann eine monatliche Summe zum Abstottern. Lassen Sie Ihren Charme spielen."

„Meine Fresse", sagte Heidi S., „vielleicht sollte ich dem Typen eine lebenslange Freikarte für den Puff schenken."

„Nein, tun Sie es nicht. Das wäre Beamtenbestechung."

Sie seufzte tief. „Mein Leben lang hab ich geackert für meine Kohle. Können die einen nicht in Frieden lassen? Und war's das jetzt mit uns beiden?"

Ich sah nach oben zu dem Kronleuchter, der so gar nicht in ihr Chaosbüro passte. „Ich fürchte nicht. Das mit dem Finanzamt kann ich schieben, bis es vielleicht zur Einigung kommt. Aber da wäre noch die Firma Lumifixal. Die mit den Kronleuchtern. Zehn Stück insgesamt."

„Total überteuerte Klunker", sagte Heidi S.

Das mochte stimmen, doch sie hatte über die Anzahlung hinaus alle folgenden Rechnungen und Mahnungen ignoriert. „Es tut mir leid. Ich muss die Kronleuchter pfänden. Oder wollen Sie sie bezahlen?"

„9 000 Euro das Stück. Die spinnen ja!"

„Warum haben Sie sie dann gekauft?"

Heidi S. sah nach oben. „Ich weiß nicht mehr so genau. Alfons war gestorben, und ich war traurig. Und dann kam mir die Idee mit dem Bordell. Und ich dachte, Kronleuchter passen da richtig gut rein. Also bin ich los und hab sie gekauft. So was Spontanes war das."

„Und Sie wollen sie nicht bezahlen?"

„Nö."

„Dann muss ich den Kuckuck draufkleben. Sie werden dann irgendwann abgeholt."

Heidi S. begann zu lachen. „Aber nicht zur Stoßzeit bitte. Nächste Woche ist Baumesse in München. Da ist was los hier, kann ich Ihnen sagen. Ich besorg einfach in der Zwischenzeit neue Lampen. Es gibt da einen Laden in der Hohenzollern, da krieg ich sie für viel weniger."

„Das ist fein. Darf ich mich dann ans Werk machen? Offenbar ist jetzt ja noch nicht so viel los."

„Nö. Und Diana und Lily müssten auch schon fertig sein. Nur zu mit den blöden Lüstern …"

Sie folgte mir in den Salon, in dem Angelique und Heloise weiterhin in ihr Strickzeug vertieft waren. Der Schal war schon sehr lang, er reichte bis zum Boden. Sie sahen dabei eine Fernsehserie im Vorabendprogramm. Heidi S., die mir nach oben in die Geschäftsräume folgen wollte, wurde durch die Türklingel abgelenkt. Also ging ich alleine die Treppe hoch, nachdem ich die Lüster im Salon möglichst unauffällig markiert hatte.

Die Treppe war mit rotem Teppich ausgelegt, und das Geländer war goldfarben gestrichen. Im Flur des ersten Stockes beklebte ich noch einen Kronleuchter, dann öffnete ich zögerlich die erste Tür, nachdem ich geklopft hatte. Der Raum war leer. Er sah tatsächlich aus wie ein Krankenzimmer: ein Behandlungsstuhl, eine Liege, eine Arzttasche, deren Inhalt ich nicht untersuchen wollte. Der Kronleuchter passte überhaupt nicht ins Ambiente, aber Heidi S. hatte wohl zu viel davon gekauft.

An der zweiten Tür klopfte ich länger, weil ich meinte, Stimmen zu hören. Als niemand antwortete, öffnete ich vorsichtig, zunächst nur einen Spaltbreit.

Ich sah eine Frau im schwarzen Latexanzug und mit hochhackigen Lackstiefeln, die einen Wischmopp schwenkte. Sie ließ ihn fallen, als sie mich sah.

„Herrgott, bin ich erschrocken."

„Entschuldigung, ich bin nur die Gerichtsvollzieherin."

Sie schien das nicht zu verstehen.

„Ich bin Lily", sagte sie und nahm die Augenmaske ab. „Der Kunde ist gerade mit dem Lift runter, und ich mache sauber. Wo ist Heidi?"

Lily sprach mit starkem Akzent. Sie legte den Wischmopp zur Seite und säuberte die Handschellen mit Desinfektionsspray. Ich registrierte ein paar gefährlich aussehende Instrumente und eine schwarze Gummimatte.

Ganz offensichtlich die Folterkammer, und Lily war die Domina. Eine Domina mit Putzwut, denn jetzt säuberte sie die Streckbank mit Spraydose und Küchenpapier.

„Heidi ist im Salon mit neuer Kundschaft", antwortete ich, während ich blitzschnell die Marke an den schwarzen Kristalllüster klebte.

„Hoffentlich kein Maso", sagte Lily. „Der letzte war so hysterisch, ich brauch jetzt eine Pause." Sie lächelte mich zutraulich an, sie hatte das schöne Gesicht einer ukrainischen Jungbäuerin.

Ich wollte mich ins nächste Zimmer zurückziehen, klopfte ein paar Sekunden vergeblich und öffnete die Tür. Ich war unverkennbar im bayerischen Ambiente gelandet: ein Holzklo mit Herzchen und dahinter eine kleine Leiter, die an eine stabile Holzattrappe gelehnt war, welche den Balkon eines bayerischen Bauernhauses darstellen sollte. Von der Decke hing eine Schaukel, auf der ein Mädchen im Dirndl und mit Zöpfen saß. Der Rock war hochgeschoben, und hinter ihr, ganz dicht hinter ihr, ein Mann …

Sie sah mich an der Tür stehen.

„Iiiiiihhhh!", schrie das Mädchen im Dirndl und hörte auf zu schaukeln.

„Was zum Geier …?"

Sie verdeckte den Mann mehr oder weniger, doch er schien mir nackt zu sein. Krampfhaft sah ich an ihm vorbei – hoch zum Kristalllüster, der mit Herzen verziert war. Er hing zu hoch, ich brauchte die Leiter.

Der nackte Mann trat beiseite, als ich mit einer gemurmelten Entschuldigung die Leiter an mich nahm. Er war klein und dick und hatte einen Ständer.

„Wer ist die Tante?", fuhr er Diana an. Es musste Diana sein.

Sie zuckte mit den Achseln. Ich versuchte, ganz weit an ihm vorbeizusehen.

„Wo ist Heidi?", schrie er.

„Ich bin bloß die Gerichtstante. Heidi ist unten, die kommt gleich."

Ich stieg auf die Leiter und klebte die Marke auf den Lüster. Ein Herz fiel zu Boden, flatternd.

Jetzt erschien Heidi an der Tür. „Wer schreit hier rum? Ach, der Herr Bösel!"

Herr Bösel bedeckte sein Gemächt mit einer bayerischen Fahne, die den Balkon geziert hatte. „So eine Unverschämtheit", brüllte er.

Heidi war unbeeindruckt. „Ihre Zeit war doch längst um!"

Diana glättete ihr kurzes Dirndl. „Er konnte nicht und hat nachbezahlt."

„Was heißt hier ,konnte nicht'?! Wer sagt denn so was?" Herr Bösel brüllte nicht mehr, aber seine Stimme klang immer noch wütend. „Die Tante kann doch nicht einfach hier reinplatzen. Wo sind wir denn hier?"

„Im Puff", sagten Diana und ich gleichzeitig.

Herr Bösel drohte Heidi mit der Fahne. Er hatte keinen Ständer mehr. „Coitus interruptus nenne ich das. Ich will mein Geld zurück!"

Herr Bösel streckte seine Hand nach dem Geld aus, das auf dem Balkongeländer lag. Doch Diana war schneller. Sie hatte eine flinke Hand.

„Nix da. Bezahlt ist bezahlt."

„Das will ich meinen, Herr Bösel." Heidi S. baute sich zu voller Größe unter dem Balkon auf. Sie zeigte auf mich: „Die Dame hier ist Anwältin. Die kann Ihnen bestätigen, dass Coitus interruptus im horizontalen Gewerbe nicht einklagbar ist. Stimmt doch, oder?"

Ich hätte jetzt was richtigstellen können, tat es aber nicht. Ich nickte nur.

Herr Bösel schien sich zu beruhigen. „Wäre mir auch zu blöd, wegen so was zu klagen. Ich brauche die Leiter und meine Klamotten."

Er bekam, was er wollte, aber da hatte ich das bayerische Zimmer schon verlassen und folgte Heidi zur orientalischen Suite: Kissen, Teppiche, Tüllvorhänge und Weihrauch. Viele Spiegel und zwei rote Kronleuchter.

Heidi hat recht, dachte ich. Sie waren ihr Geld nicht wert.

Vor der französischen Suite musste ich warten. Heloise und ihr Kunde waren „in Session", wie Heidi S. es nannte. Wir standen vor der Tür und hörten Laute zwischen Keuchen und Grunzen, die sich zu steigern schienen.

„Sie bläst ihm einen, es kann nicht mehr lange dauern", flüsterte Heidi S.

Ich sah auf meine Schuhe, sie waren bequem, aber wirklich nicht sexy. In der schwülen Luft konnte man kaum atmen. Auf der anderen Seite der Tür schrie jemand.

„Na endlich", sagte Heidi S. „In fünf Minuten ist er draußen, dann können Sie rein."

P.S.: Die Kronleuchter wurden abgeholt und von Heidi S. durch preiswertere Lichtquellen ersetzt. Es ist ihr tatsächlich gelungen, mit dem zuständigen Finanzsachbearbeiter einen Deal über ihre Steuerschulden auszuhandeln. Ich habe von Heidi S. nie mehr etwas gehört – und hoffe, dass es dabei bleibt.

TEE MIT ALEXIS ZORBAS

Als er die Tür öffnete, lächelte er mich an. Das war mir noch nie passiert. Gerichtsvollzieher können kein Lächeln erwarten, wenn sie an der Tür klingeln. Doch Nikolaus B. zeigte mir seine strahlend weißen Zähne und bat mich mit freundlicher Handbewegung in seine Wohnung.

Fünfter Stock mit Dachterrasse inmitten von Alt-Schwabing. Die Wohnung war ganz in Schwarz-Weiß gehalten und so edel und spärlich möbliert, dass ich sofort den Verdacht hatte, dass er einen Teil des Mobiliars vor meinem Besuch fortgeschafft hatte. Oder vielleicht verkauft, um ein paar seiner Schulden zu begleichen. Herr B. hatte sein Konto um 400 000 Euro überzogen, er war mit der Miete im Rückstand und bezahlte die Leasing-Raten seines Porsches seit drei Monaten nicht mehr.

Nikolaus B. zeigte auf einen weißen Sessel: „Wollen Sie sich nicht setzen und mit mir Tee trinken? In der Hinsicht bin ich britisch: Mit einer Tasse Tee lassen sich alle Probleme irgendwie lösen."

Daran glaubte ich wiederum nicht. Aber ich nickte, um ihn bei Laune zu halten, und er verschwand in der Küche. Ich war allein im riesigen Wohnzimmer und hatte Zeit, mich nach brauchbaren Pfändungsgegenständen umzusehen. An den Wänden hingen Schwarz-Weiß-Fotografien von einem Künstler, auf dessen Namen ich nicht kam. Sie waren sehr gut und sicher teuer, womit sie für mich in Betracht kamen.

Was noch? Der weiße Computer auf schwarzem Schreibtisch, der überdimensional große Fernsehflachbildschirm, die Stereoanlage mit diesen kleinen, sündhaft teuren Boxen. Schwarzer Teppich auf hell lackiertem Holzboden. Ein Glastisch mit zehn filigranen Stühlen. Weiße Couch, zwei Sessel, ein chinesischer Lacktisch, darauf eine Vase mit Lilien.

Fernsehgeräte dürfen nicht gepfändet werden, aber ich war mir sicher, dass es noch ein zweites Gerät in der Wohnung gab. In dem Fall war der Flachbildschirm dran, und die Stereoanlage ganz bestimmt.

„Haben Sie was dagegen, wenn ich mich in ihrer schönen Wohnung umsehe?", rief ich in Richtung Küche.

„Aber nein, tun Sie sich keinen Zwang an. Mein Schlafzimmer ist allerdings etwas unordentlich. Die Putzfrau ist nicht gekommen, weil ich ihr seit einem Monat den Lohn schulde, das arme Ding."

Nikolaus B. ist ein Witzbold, dachte ich, und jetzt fiel mir ein, an wen er mich erinnerte: an Anthony Quinn als Alexis Zorbas. Gebräunte Haut, die schwarz-grauen Haare und Bartstoppeln, die buschigen Augenbrauen. Ein attraktiver Mann, wenn man den südländischen Typ mochte.

Während er in der Küche Tee zubereitete, sah ich mich in seinem Schlafzimmer um: Auf dem großen Bett lag eine Nerzdecke, die ich sofort auf meine Liste setzte. Ein Wandregal mit Büchern, ein Laptop, eine zweite Stereoanlage und ein etwas kleineres TV-Gerät. Wunderbar, dachte ich. Wenn er alles doppelt besitzt, kann ich ihm die eine Hälfte problemlos pfänden.

An den Wänden hatten einmal Bilder gehangen, jetzt waren sie kahl, doch die Stellen waren deutlich zu sehen. Ob er die Bilder versteckt hatte, im Keller vielleicht? Ich nahm mir vor, ihn danach zu fragen, selbst wenn ich mit Lügen rechnete.

Menschen sagen kaum die Wahrheit, wenn sie sich in die Enge getrieben fühlen. Und ein Gerichtsvollzieher ist so ziemlich das Letzte, was man sich in seinem Zuhause wünscht. Wir werden belogen, beschimpft, bedrängt und manchmal auch bedroht. Weshalb mich die Freundlichkeit von Nikolaus B. doch etwas misstrauisch machte.

Ich besichtigte noch sein Bad, in dem mehr Kosmetika waren, als ich je bei einem Mann gesehen hatte. Mindestens 20 verschiedene Aftershaves, und ja, der Mann roch wirklich gut, das hatte ich schon an der Tür bemerkt.

Zwischen Schlafzimmer und Bad war der begehbare Kleiderschrank. Ich zählte vierzig Anzüge, die alle teuer aussahen. Schwarze und weiße Hemden auf Bügeln und Krawatten in allen Farben. Ein Stapel von Kaschmirpullovern und ein weiterer mit Seidenschals. Seine Garderobe hatte sicher ein kleines Vermögen gekostet, doch als Pfändungsgut brachte gebrauchte Kleidung wenig. Viel besser waren Uhren und Schmuck. Auf dem Boden zählte ich 30 Paar Schuhe, allesamt schwarz.

„Tee ist fertig, Madame", hörte ich ihn rufen.

Ich verließ die Garderobe, in der es nach Zimt und Nelken roch, und ging zurück ins Wohnzimmer. Er schenkte aus einer zierlichen Kanne grünen Tee in kleine, hauchdünne Tassen.

„Ich hoffe, Sie mögen japanischen Matcha-Tee?"

Ich kannte japanischen Matcha-Tee nicht, nickte aber.

„Er ist gerade in Mode gekommen unter Teetrinkern, kann aber mit den teuren chinesischen Sorten nicht mithalten. Ganz zu schweigen von Panda-Tee …"

Bahnhof. Mehr verstand ich nicht.

Er musste es mir vom Gesicht abgelesen haben, denn er fing an zu lachen. „Entschuldigung, ich gehöre zu den verrückten Teetrinkern. Dieser Tee kostet so um die 10 000 Euro pro 100 Gramm. Er kommt aus China und wird mit Panda-Kot gedüngt, was ihm eine spezielle Note verleihen soll. Nein, sehen Sie mich nicht so an: Ich habe kein Gramm mehr in der Küche. Und den Matcha zu pfänden, lohnt sich nicht."

„Ich bin eher Kaffeetrinkerin."

„Das habe ich mir schon gedacht", sagte Alexis Zorbas und lächelte mich an wie der Zauberer von Oz.

Ich holte den Pfändungsbeschluss aus meiner Aktentasche und legte ihn auf den Lacktisch. „Ich lasse Ihnen eine Kopie da. Sollen wir uns jetzt an die Liste der Pfändungsgüter machen?"

Während er die Tasse zum Mund führte, hielt er die Augen geschlossen. Trank und öffnete sie wieder. Dunkle, unergründliche Augen. Ich dachte, dass er mir gefallen hätte, wären die Umstände unseres Zusammentreffens andere. Dann dachte ich, dass ich so etwas überhaupt nicht denken sollte.

„Schmeckt er Ihnen?"

„Sehr gut", sagte ich und zückte meinen Kugelschreiber. „Beginnen wir mit dem Porsche. Darf ich Sie um die Schlüssel und Wagenpapiere bitten."

„Selbstverständlich". Nikolaus B. stand auf, ging zum Schreibtisch und legte das Gewünschte vor mich auf den Tisch. „Der zweite Schlüssel ist für die Garage im Haus. Dort steht er nämlich. Sind Sie schon mal Porsche gefahren?"

„Natürlich nicht", sagte ich.

Er grinste. „Ist auch nur ein Auto, wissen Sie. Klein und unbequem, aber man kann damit schöne Frauen beeindrucken."

Blödmann! Er lachte, als ob er Gedanken lesen könnte.

„Sie wahrscheinlich nicht, Madame. Wissen Sie, so habe ich angefangen – als Verkäufer von Luxuskarossen. Ich war wirklich gut darin, weil ich die Eitelkeit der Männer absolut verstehe. Die meisten Männer kaufen Autos, um damit anzugeben. Frauen sind da viel rationaler. Na ja, jedenfalls lernte ich in diesem Job jede Menge Leute kennen, und die luden mich dann ein – und irgendwann gehörte ich dazu. Ich bin so eine Art Kommunikationsgenie. Ich bringe Leute zusammen, die dann miteinander Geld machen. Und ich kriege eine Provision, wenn alles klappt. Das hat viele Jahre ganz wunderbar funktioniert. Ich habe mehr Geld verdient, als ich brauchte."

„Und wann hörte das auf?"

Nikolaus B. zuckte mit den Schultern. „Vor einem Jahr oder so. Es fing damit an, dass ich bei zwei hohen Tieren in Ungnade fiel. Vielleicht mochten sie meinen Humor nicht. Jedenfalls setzten sie mich auf die schwarze Liste. Keine Einladungen mehr, keine Geschäfte, kein Geld."

„Und dann fingen Sie an, Schulden zu machen …"

Er lachte mir ins Gesicht. „Wie haben Sie das nur erraten?! Ich dachte mir, es ist nur vorübergehend, es wird schon wieder. Aber na ja … es sieht im Moment wohl nicht danach aus."

„Keine Ersparnisse irgendwo?"

Alexis Zorbas sah mich an, als hätte ich ihm einen obszönen Witz erzählt. „Sehe ich so aus? Ich habe sechs Bilder von Weegee verkauft, die hingen im Schlafzimmer. Eigentlich wollte ich Matt Stuart und Stephan Vanfleteren auch noch versilbern, aber die werden Sie jetzt wohl mit dem Kuckuck belegen."

„Es ist bloß ein Siegel", sagte ich. „Wissen Sie, wie viel die Bilder wert sind?"

Er zuckte mit den Achseln: „Keine Ahnung. Mir gefallen sie einfach. Die Stuart-Fotos habe ich beim Pokern gewonnen."

„Vielleicht könnten wir damit die Bankschulden decken, aber ich muss auch noch die Stereoanlage, den Fernseher und einen der beiden Computer …"

„Tun Sie, was Sie nicht lassen können. Zum Kuckuck mit dem Scheiß …" Er lachte mir jetzt ins Gesicht. „Schauen Sie doch nicht so ernst, Madame. Wir reden hier doch nur von DINGEN, oder?" Er zündete sich eine Zigarette an. „Ich habe noch einen Dali-Aschenbecher von '67 anzubieten, den hab ich für 3 000 Mäuse gekauft – ach ja und antikes Silberbesteck der Brüder Klein, das liegt weit über 10 000 würd' ich mal sagen. Habe ich auch beim Pokern gewonnen. In München sind viel mehr Leute pleite, als man denkt."

Wem sagte er das? Ich trank meinen Tee aus, der inzwischen kalt geworden war. Dann setzte ich Aschenbecher und Besteck auf die Liste. „Vielleicht kommen wir damit hin. Aber wie ist es mit dem Mietrückstand? Haben Sie Bargeld im Haus?"

Alexis Zorbas lüftete die Innentaschen seiner schwarzen Designer-Jeans. „Eher nicht. Ich hab noch ein Sparschwein und zwei ungedeckte Kreditkarten. Das war's, fürchte ich. Wollen Sie mir etwa mein Sparschwein wegnehmen?"

Er hatte den Kopf zur Seite gelegt und sah mich an. Belustigt, als ob das alles ein Spiel wäre, das ihn amüsierte. Ich war mir nicht sicher, ob ich mich ärgerte oder ihn insgeheim ein wenig bewunderte. Meine Güte, war der cool.

Hast du schon mal eine Seilbahn so schön zusammenbrechen sehen? So oder so ähnlich sagte es Alexis Zorbas zu seinem amerikanischen Freund. Ich war fünfzehn, als ich den Film gesehen hatte, und war sehr beeindruckt von dem griechischen Lebenskünstler, der natürlich viel zu alt für mich war – damals.

„Nein, ich werde Ihnen ihr Sparschwein nicht wegnehmen. Aber wenn Sie die Miete nicht zahlen, werden Sie früher oder später aus der Wohnung fliegen."

„Eher später, hoffe ich. Es ist gar nicht so einfach, einen Mieter aus der Wohnung zu werfen. Stellen Sie sich vor, der Besitzer hat mir sogar schon eine Abfindung angeboten, wenn ich freiwillig ausziehe. Aber wo soll ich hin? Ohne Arbeit und ohne Geld krieg ich doch keine Wohnung, oder?"

Ich gab auf die offensichtliche Frage keine Antwort. „Gibt es denn sonst noch etwas von Wert, damit wir die Miete decken können?"

„Wir haben noch zwei Uhren anzubieten." Er grinste wieder auf diese unverschämte Weise, die ich unter anderen Umständen anziehend gefunden hätte.

„Wollen Sie die Piaget oder die Montblanc?"

„Welche ist mehr wert?"

„Ziemlich gleich. Ich hänge allerdings mehr an der Montblanc."

Die vermutlich mehr wert war, mit Uhren kannte ich mich ein bisschen aus. „Dann nehme ich die Montblanc."

„Böse", sagte Alexis Zorbas, doch er lächelte dabei. Er nahm die Uhr von seinem Arm und legte sie auf den Tisch. Zog die Piaget aus seiner Jacketttasche und legte sie um. „Die habe ich auch beim Pokern gewonnen."

„Haben Sie eigentlich schon mal verloren?"

Zorbas-Lächeln. „Doch, schon. Niemand gewinnt immer. Aber meistens habe ich Glück. Wahrscheinlich, weil mir Geld so egal ist wie nur was. Möchten Sie noch Tee?"

Ich schüttelte den Kopf und fügte die Montblanc meiner Liste hinzu.

„Vielleicht was Stärkeres? Wein? Whisky?"

„Nein, wirklich nicht. Besitzen Sie Schmuckstücke?"

Er sah auf meine schmale Goldkette, das bescheidene Erbstück meiner Großmutter.

„Die habe ich alle an Frauen verschenkt. Jawohl, man beachte den Plural. Es gab mehrere, wissen Sie. Wenn man mit Geld um sich wirft, nicht gerade hässlich ist und in den richtigen Kreisen verkehrt, dann kriegt man viele Frauen. Nicht immer klug, aber immer hübsch, jung und lustig. Bei meinem Lebensstil kann ich doch keine Familie gründen, oder? Das wäre doch unseriös."

Ich gab ihm recht, innerlich. Äußerlich bekundete ich weder Zustimmung noch Ablehnung. Was ging mich sein Privatleben an? Nichts! Schon möglich, dass viele Frauen ihn unwiderstehlich fanden, doch ohne Geld und Porsche würden seine Chancen bei dieser Art Frauen unter den Gefrierpunkt sinken.

„Sind Sie verheiratet? Ich sehe keinen Ring."

Die Frage traf mich unvermittelt. „Das geht Sie nichts an.

Gibt es sonst noch etwas von Wert in der Wohnung, von dem ich wissen sollte?"

Er sah mich an, dann sah er sich um. „Alles hat einen gewissen Wert für mich. Weil ich mich an Schönheit erfreue. Aber es sind eben nur Dinge. Ich mag diesen Satz: Frei ist nur, wer nichts zu verlieren hat. Ein indischer Philosoph hat ihn mal gesagt. Wenn Sie gehen, Madame, werde ich viel freier sein."

„Ich nehme die Sachen ja nicht gleich mit."

„Nein, Sie geben mir Zeit, mich angemessen von ihnen zu verabschieden. Das finde ich sehr charmant von Ihnen."

Du blöder Schmarrnbolzen. Ich fragte mich kurz, welche Art Mensch hinter dem Schauspieler Zorbas steckte, aber dann sagte ich mir, dass es mir egal sein konnte. Er war ein Kunde, mehr nicht. Ein kooperativer Kunde, was in meinem Geschäft auch selten vorkam. Dieses Lächeln war von einer anderen Welt. „Was wollen Sie jetzt tun, um an Geld zu kommen? Etwa arbeiten?"

Zorbas-Lächeln. „Nicht doch. Die Autobranche ist auch nicht mehr das, was sie mal war. Ich dachte eher ans professionelle Pokerspielen. Dafür allerdings braucht man Startkapital. Ich bin auf der Suche nach einem Sponsor."

„Na, dann wünsche ich viel Glück!" Er ist der Typ, der es immer wieder schafft, auf die Beine zu kommen, dachte ich. Und dass er vielleicht eine Sponsorin finden würde. Vielleicht nicht so jung und hübsch, wie er es gewohnt war, sondern älter und reicher. Empfänglich für den Charme eines angegrauten Lebenskünstlers.

„Darauf sollten wir eine Flasche Champagner trinken! Auf das Glück! Ich habe einen Jahrgangs-Krug im Kühlschrank, was meinen Sie?"

Noch nie in meinem Leben hatte ich Krug getrunken, geschweige denn mit einer Jahreszahl darauf. Und einen winzigen schwachen Augenblick lang wünschte ich mir, dass ich Ja sagen könnte. „Nein, das geht nicht."

„Warum nicht? Gibt es irgendwelche Vorschriften, die Gerichtsvollzieherinnen daran hindern, Champagner mit ihrer Kundschaft zu trinken?"

„Sie sind nicht meine Kundschaft, Sie sind ein Schuldner, bei dem ich Geld eintreibe."

Alexis Zorbas lächelte, aber mit einem Anflug von Trauer. „Das klingt jetzt furchtbar. Und wenn ich nicht liefern kann, schießen Sie mir dann ins Knie?"

Ich stand auf. „Jetzt wird es aber lächerlich. Ich habe mich völlig korrekt verhalten, Sie waren bisher kooperativ, und wir haben ein konstruktives Ergebnis erzielt. Hier ist die Pfändungsliste, von der ich Ihnen eine Kopie dalasse. Ich klebe jetzt die Siegel auf die Gegenstände, danach werde ich gehen. Sie bekommen von mir eine Benachrichtigung, wann die Sachen abgeholt werden."

Ich klebte die Siegel, während Nikolaus B. sitzen blieb und eine Zigarette rauchte. Er beobachtete mich, das spürte ich. Für einen Augenblick dachte ich sogar, er würde etwas Verrücktes tun, mich anfallen und ermorden. Mit einem antiken Messer, das nicht auf der Liste stand. Doch das tat er natürlich nicht. Er blies Kringel in die Luft.

Lächelte, als ich meine Unterlagen in die Aktentasche packte.

„Die völlig korrekte Katja K. Ich danke Ihnen, dass Sie mit mir Tee getrunken und mein Sparschwein verschont haben. Es war ein wirklich unterhaltsamer Nachmittag, und ich freue mich, Sie kennengelernt zu haben. Würden Sie mir jetzt verraten, ob Sie verheiratet sind. Ich bin einfach nur neugierig."

Meine Aktentasche war gepackt. Ich schloss sie, nahm den Griff in die rechte Hand und sah ihm auf gleicher Höhe in seine dunkelbraunen Augen. „Ich bin geschieden. Nicht mehr jung und nicht mehr so lustig."

„Das ist schade", sagte Alexis Zorbas. „Man sollte so lange

wie möglich versuchen, Spaß zu haben. Irgendwann hört er von selbst auf."

Blöder, kluger Satz, und es war Zeit für mich zu gehen. Nichts wie weg hier, doch der Tee tat seine Wirkung, und ich musste Nikolaus B. fragen, ob ich seine Toilette benutzen durfte. Wir standen im langen Flur, und er deutete auf eine Tür neben dem Ausgang.

Schon als Kind hatte ich diesen Tick, rechts und links zu verwechseln. Manchmal. Er hatte nach rechts gedeutet, und ich öffnete die linke Tür.

Das war nicht die Toilette, sondern ein kleines, unmöbliertes Zimmer. Darin stand ein riesiges Sparschwein. Wirklich riesig, von der Größe eines ausgewachsenen Ferkels. Aus Porzellan, blau mit grünen Punkten.

Ein Kunstwerk, so nahm ich an, doch als ich auf die kleine Leiter neben dem Schwein stieg, sah ich den Schlitz oben, der war auch groß. Und im Inneren des Schweins lagen Scheine und Münzen, ein ganzer Bauch voll.

Hinter mir hörte ich die Stimme von Alexis Zorbas: „Sie haben mir doch versprochen, mir mein Sparschwein zu lassen. Und die Toilette ist übrigens gegenüber."

EINE SCHWEIGSAME FRAU

Brigitte B. sah der jungen Bardot tatsächlich ähnlich. Blonde lange Locken, der Schmollmund, die leicht mandelförmigen Augen. Brigitte B. war 29 Jahre alt und von Beruf Hochstaplerin. Ihre lukrative Karriere war allerdings zu Ende, als eines ihrer Opfer sie anzeigte. Sie war zu gierig geworden.

Eine Million war ihr nicht mehr genug. Die hatte sie Ernst W. abgeknöpft, einem bayerischen Brauereibesitzer, der nebenbei ein großes Immobilienvermögen verwaltete. Er war nicht der Erste, dem sie die Geschichte ihrer von der russischen Mafia verfolgten Schwester erzählt hatte: Blutjunges Mädchen verliebt sich in den falschen Mann, wird von ihm in die Prostitution gezwungen und muss freigekauft werden. Mit einigen Variationen hatte Brigitte B. das Lügenmärchen all ihren Opfern erzählt und – je nach Vermögen – finanzielle Hilfe erbeten. Wer konnte diesen Augen widerstehen?

Sie saß mir im Besucherraum des Giesinger Frauengefängnisses gegenüber, ihr unfreiwilliger Aufenthaltsort seit dreieinhalb Jahren. Bei ihrer Verurteilung zu vier Jahren Haft wurde als besonders schwerwiegend gewertet, dass Brigitte B. nicht nur den Mann, sondern auch dessen Ehefrau verführt und geschröpft hatte. Je eine Million von beiden hatte sie mit ihrer Story kassiert. Doch als sie nachlegte, nochmals zwei Millionen Euro forderte und mit Enthüllungsfotos drohte, fand das Ehepaar zueinander und überdies heraus, dass sie beide einer Hochstaplerin aufgesessen waren. Sie zeigten Brigitte B. an, und bei der vorgetäuschten Geldübergabe ging diese in die Polizeifalle. Obwohl das Ehepaar alles versuchte, um die Sache aus der Presse zu halten, war die Story zu schön, um nicht ausgeschlachtet zu werden. Es gab einen Riesenrummel um die Hochstaplerin und ihre Opfer, sofern sie bekannt waren. Denn die meisten zogen es vor, anonym zu bleiben. Nur das Ehepaar sagte vor Gericht aus sowie ein Rentner, dem sie 200 000 Euro abgenommen hatte. Der Rentner meinte damals allerdings, dass die Zeit mit ihr ihm das wert gewesen sei. Ernst W. und seine Frau teilten diese Auffassung nicht. Dass Brigitte B. sie beide belogen und betrogen hatte, empfanden sie als besonders perfide. Frau W. brach vor Gericht in Tränen aus, als sie über ihre Beziehung zur Angeklagten sprechen musste. Ihr Mann war gefasster, doch er konnte seine Wut über den „Doppelbetrug" kaum verhehlen.

Brigitte B. verweigerte in allen Punkten die Aussage. Ob sie allein gehandelt hatte und wo das Geld geblieben war – darüber schwieg sie eisern. Auch dies, ihr hartnäckiges Schweigen, trug zur Höhe der Strafe bei.

Dies alles wusste ich aus Zeitungsberichten. Denn die Presse fiel natürlich schonungslos über die Opfer her, die Interviews verweigerten und nach Prozessende in eine Burg in Südtirol zogen. Sie blieben zusammen, Ernst W. und seine Frau, auch das stand in den Zeitschriften. Sie waren sich offenbar eins in ihrer Rachsucht, Brigitte B. betreffend. Denn in ihrem Auftrag war ich in die Frauenstrafanstalt Giesing gekommen, um die Gefangene zu sprechen. Ernst W. hatte sich von dem Rentner dessen Ansprüche abtreten lassen und einen rechtskräftigen Titel erwirkt, wonach ihm Brigitte B. 2,2 Millionen Euro schuldete.

Ich stellte mich vor und holte meine Unterlagen aus der Aktentasche. „Sie wissen, warum ich hier bin?"

Als sie mir ihr Gesicht voll zuwandte, bemerkte ich ein paar Blutergüsse – unter einem Auge, am Hals und am Oberarm. Sie taten ihrer Schönheit kaum Abbruch, und ihr Lächeln war wirklich zauberhaft.

„Ich kann es mir denken: Der rachsüchtige Brauereibesitzer und seine liebeshungrige Frau. Wegen zwei Millionen müssten die ja nicht so einen Tanz aufführen. Der hat mir nach dem Prozess doch glatt meine Cartier-Uhr pfänden lassen. Na ja, die hätten sie mir hier sowieso abgenommen."

Brigitte B. sprach mit ganz leichtem französischem Akzent, wofür es meines Wissens keine logische Erklärung gab. Vielleicht dachte sie, dass dies sexy sei und zu ihrem Image passe. Sie war in Wuppertal als Tochter einer Kosmetikerin und eines Klempners geboren worden, dort zur Schule gegangen und hatte nach der mittleren Reife eine Lehre in der Gastronomie gemacht. Jobbte als Kellnerin, lernte Leute mit Geld kennen und kam dann wohl irgendwann auf die Idee, dass mit Schönheit viel zu verdienen war. Ob sie allein oder mit einem Komplizen gearbeitet hatte, konnte vor Gericht nicht geklärt werden. Weil Brigitte B. eisern geschwiegen hatte.

„Ernst W. will sein Geld zurück, das ist doch verständlich, oder?"

Ihre Augen waren türkis, eine unglaubliche Farbe. Und obwohl sie ungeschminkt war und in Gefängniskleidung vor mir saß, konnte ich nachvollziehen, warum Männer ihr verfielen und ihr Geld hinterherwarfen.

Sie lachte kurz.

„Der hat doch genug davon, der blöde Heini. Und seine Frau besitzt Häuser ohne Ende. Wieso sind die Reichen bloß so gierig? Und wie ich schon beim letzten Mal zum Gerichtsvollzieher sagte: Das Geld ist weg. Ich hab es im Casino verspielt. Komplett."

Wenn sie ihren aufgesetzten französischen Akzent vergaß, kam ein westfälischer Tonfall zum Vorschein. Brigitte B. holte eine Zigarette aus ihrer Jackentasche und fragte mich nach Feuer. Ich hatte keines, doch da war schon die Vollzugsbeamtin zur Stelle, um ihr Feuer zu geben und einen Aschenbecher zu bringen.

„Das Rauchen habe ich mir im Knast angewöhnt. Es gibt ja sonst nicht viel zu tun. Ich versuche zwar, mein Abi nachzuholen, aber irgendwie bin ich zum Lernen zu blöd. Ich bin wirklich schön blöd. Zielscheibe von jedem verdammten Blondinenwitz."

Blöd bist du ganz sicher nicht, dachte ich, sondern sogar ziemlich schlau. „Haben Sie einen Unfall gehabt?" Ich zeigte auf ihre blaugrünen Flecken.

Sie lachte kurz auf. „Ja, so könnte man es nennen. Das hier ist ein Frauengefängnis, kein Mädchenpensionat. Hier geht es manchmal ganz schön hoch her. Sex, Macht, Geld – so wie im wirklichen Leben, nur eben auf kleinerem Raum. Für mich war Sex immer schon was, das man einsetzen musste, um etwas zu bekommen. Also komme ich hier auch ganz gut zurecht, wenn Sie verstehen, was ich meine."

„Aber Sie wollen doch wieder hier raus, oder nicht?"

„Na klar will ich das. Noch ein halbes Jahr, dann hab ich es geschafft. Vorzeitige Entlassung wegen guter Führung haben die mir ja nicht gegönnt. Bloß weil das Geld weg ist."

„Das hat man Ihnen schon vor Gericht nicht abgenommen, das mit dem Geld. Wollen Sie sich nicht mit dem Ehepaar W. finanziell einigen?"

Jetzt lachte sie laut. „Warum? Ich sitze die Strafe für meine Sünden ja doch wohl ab, oder etwa nicht? Selbst wenn ich noch irgendwo Kohle gebunkert hätte, würde ich den beiden nix geben wollen. Sie haben dafür von mir ja auch was geboten gekriegt. Sex und Zärtlichkeit und die Illusion von Liebe. So was ist eigentlich unbezahlbar – oder etwa nicht?"

Der französische Akzent war jetzt ganz weg. Ich fand auch ihr Lächeln nicht mehr so zauberhaft. Es konnte doch ziemlich gemein sein. Ich dachte, dass sie damit recht hatte, dass die Familie W. das Geld nicht brauchte. Es ging um viel mehr: verschmähte Liebe und verletzte Eitelkeit, das schale Gefühl des Betrogenseins, die Scham und schließlich die Schande, mit diesem Skandal durch die Presse gezerrt worden zu sein.

„Die Familie W. sieht das ein wenig anders als Sie. Und Ernst W. wird nicht locker lassen, was das Geld betrifft. Er fordert Sie durch mich auf, eine eidesstattliche Versicherung über Ihr Vermögen abzugeben."

Brigitte B. sah mich stirnrunzelnd an. Sie drückte ihre Zigarette aus, nachdem sie nochmals einen tiefen Zug gemacht hatte.

„Mein Anwalt hat mich schon vorgewarnt, dass das wieder passieren würde. Der blöde Kerl kann mich mal. Ich hebe meine Finger nicht für den, das habe ich schon bei seinem ersten Versuch erklärt. Definitiv nicht. Ich sitze jetzt seit dreieinhalb Jahren ein. Kann der nicht mal vergeben und vergessen?"

„Es sieht nicht so aus", erwiderte ich. „Die Sache ist die: Wenn Sie sich weigern, diese eidesstattliche Versicherung abzugeben, wird Herr W. eine Teilforderung geltend machen. Wir reden hier von 50 000 Euro. Sofern Sie auch dies ablehnen, wird er einen Haftbefehl beantragen."

Sie lachte lauthals. „Sehr witzig. Ich bin doch schon in Haft. Was soll dabei rauskommen?"

„Das kann ich Ihnen sagen: eine Beugehaft von sechs Monaten. Das heißt, Ihr Gefängnisaufenthalt verlängert sich um ein halbes Jahr."

Ihr Gesicht wurde sehr hart und sah für einen kurzen Augenblick überhaupt nicht mehr schön aus.

„Diese Drecksau. Aber darauf hat mich mein Anwalt auch schon vorbereitet. Mehr als sechs Monate sind nicht drin. Und das ist immer noch billiger als ein falscher Offenbarungseid. Sagt der Anwalt."

Da war ihr etwas Verräterisches herausgerutscht.

„Also geben Sie zu, dass Sie nicht unvermögend sind?"

Brigitte B. sah mich fast amüsiert an. „Gar nichts gebe ich zu. Ich hebe meine Hand nicht, unterzeichne nichts, und wenn es sein muss, werde ich noch sechs weitere Monate absitzen. Was soll's? Danach ist der Spuk dann endgültig vorbei."

Ich war mir nicht sicher, ob sie recht hatte. Ernst W. würde juristisch nichts unversucht lassen, um sich an dieser Frau zu rächen. Oder sein Geld wiederzubekommen. Aber darüber wollte ich mit ihr nicht diskutieren.

„Und was wollen Sie dann machen?" Es ging mich zwar nichts an, aber die Neugierde war stärker. „Wieder in Ihren Beruf einsteigen?"

Brigitte B. lachte laut. „Nein, ich glaube nicht. Vielleicht schaff ich ja das Abi im Gefängnis, und wenn nicht, kriege ich als Kellnerin oder Barfrau überall auf der Welt einen Job. Zumindest habe ich die Zeit hier genutzt, um Englisch zu lernen. Und ich hab mich verliebt. Ist das nicht komisch?"

Ich lachte nicht, und sie sprach weiter.

„Heloise hat ein paar Idioten im Internet abgezockt. Sie ist ein Computergenie, meine Liebste, und sitzt wegen 200 000 Euro ein. Peanuts, wie dieser Banker mal gesagt hatte. Sie kommt in drei Monaten raus, aber ich weiß, dass sie auf mich warten wird, Heloise. Große Liebe das. So was können Sie sicher nicht verstehen. Sind Sie gerade verliebt?"

Wir kamen gefährlich weit vom Thema ab. Jetzt war ihr Gesicht wieder weicher; vielleicht war sie ja wirklich eines ehrlichen Gefühls fähig. Und so schweigsam, wie sie vor Gericht gewesen war, so gesprächig war Brigitte B. auf einmal. Solange es sie nichts kostet, dachte ich. Eine schöne Hochstaplerin und ein Computergenie – was für ein Gespann würde das wohl in Freiheit ergeben?

„Nein, ich habe eine Scheidung hinter mir."

Jetzt legte sie mir tatsächlich ihre Hand auf den Arm.

„Dann sollten Sie das tun – sich wieder verlieben. Nur passen Sie auf, dass Sie nicht an einen Hochstapler geraten."

Das war's, dachte ich, mehr werde ich von Brigitte B. nicht bekommen als diesen ironischen Ratschlag. Ich packte meine Papiere ein und schüttelte ihr zum Abschied die Hand. „Ich wünsche Ihnen viel Glück!"

„Ich Ihnen auch, Katja Kuckuck. Mit diesem Namen konnten Sie ja wohl nix anderes werden. Ist aber kein uninteressanter Beruf, oder?"

„Nein", sagte ich – schon an der Tür. Der Vollzugsbeamte schloss sie auf, und ich drehte mich an der Tür nochmals um. Sie hielt ihre zweite Zigarette in der Hand, und der Beamte zückte schon sein Feuerzeug. Sein Gesichtsausdruck war der eines Mannes, der rettungslos verliebt ist. Sie wusste es und nutzte es aus, denn sie zwinkerte mir zu, bevor ich mich endgültig umdrehte und den Besucherraum der Haftanstalt verließ.

DAS HOHE C

Den Gesang hörte ich schon im Treppenhaus. Eine Arie aus der Zauberflöte, die mich – lauter werdend – bis in die dritte Etage des Altbaus begleitete. Als ich klingelte, verstummte der Gesang abrupt. Ich hörte Schritte im Flur, dann öffnete Corinna S. ihre Tür. Unwillkürlich trat ich einen Schritt zurück. Sie war eine gewaltige Erscheinung. Ich schätzte sie auf 150 Kilo, mindestens. Dabei war sie nicht sehr groß, etwa wie ich – einen Meter 70. Sie trug einen seidenen Kaftan in wilden Farben und hatte um ihr Haar einen Turban geschlungen, der mit einer Pfauenfeder gekrönt war.

„Mein Königin-der-Nacht-Gewand", zwitscherte sie und schenkte mir ein großmütiges Lächeln. „Sie müssen die Frau vom Amt sein. Treten Sie doch in mein bescheidenes Zuhause ein."

Sie breitete die Arme einladend aus, und ich stellte mich vor, als ich in dem langen, dunklen Flur stand. An den Wänden hingen Fotos aus Opernaufführungen, und immer war Corinna S. – in verschiedenen Kostümierungen – im Mittelpunkt des Geschehens. Es waren viele Fotos, sie füllten fast eine Wand aus.

Sie blieb stehen und sagte mit Stolz in der Stimme: „Ich nehme an, Sie erkennen die Herren auf den Bildern: Pavarotti, Carreras, Hermann Prey, Jussi Björling … der war ein fabelhafter Sänger, doch ohne jedes schauspielerische Talent. Wenn der eine Liebesszene hinlegte, war ich immer kurz davor, in Lachen auszubrechen. Gott, ich habe mit allen Größen der

Branche gesungen. Ich war ein Star, müssen Sie wissen. Eine Diva! Doch auch die Stimme hält nicht ewig. Selbst wenn ich meinen Klangkörper nach Kräften gepflegt habe."

Auch als junge Sängerin war sie nicht schlank gewesen, das zeigten die Fotos, doch im letzten Jahrzehnt musste sie gewaltig zugelegt haben. Nach meinen Unterlagen war sie 72 Jahre alt. Corinna S. hatte vor 15 Jahren zuletzt auf der Opernbühne gestanden. Sie lebte allein, hatte keine Kinder und keine Alterssicherung. Der klassische Fall einer Künstlerin, die einst hohe Gagen kassiert, in Saus und Braus gelebt hatte und dann allmählich in die Altersarmut hineingeglitten war. Sie war mit der Miete im Rückstand, bezahlte ihre Strom- und Heizungsrechnungen nicht – und es war mir ein Rätsel, wovon sie überhaupt lebte, denn Corinna S. bezog keine Sozialhilfe. Der Vermieter, der den Titel erwirkt hatte, wollte sie in jedem Fall loswerden. Denn die Diva nervte die Nachbarschaft auch noch mit ihrem Gesang zu jeder Tages- und Nachtzeit. „Sie ist der Albtraum jedes Vermieters", hatte der Hausbesitzer am Telefon gesagt. Er hatte eine unsympathische Stimme.

Ihre erstaunlich kleinen Füße steckten in Samtpantoffeln, und als sie vor mir her ins Wohnzimmer ging, bewunderte ich ihren beinahe graziösen Gang. Als ob sie ein Leichtgewicht trüge. Sie schien eins mit ihrem Körper, und ihr Gesicht war immer noch schön, auch wenn es viel zu stark geschminkt war.

Der Anblick des Wohnzimmers war dann der zweite Schock. Denn es war leer – bis auf einen Flügel, einen Klavierstuhl und einen Ohrensessel. Ein hässlicher Kristalllüster hing von der Decke, die Wände waren kahl, und schwere Samtvorhänge verdunkelten den Raum.

Sie registrierte mein erstauntes Gesicht und brach in leicht hysterisches Gelächter aus. „Alles verkauft, von irgendwas muss ich doch leben. Ich hab noch den Bechstein, mein Bett und den Kleiderschrank. Die Küche auch, der Mensch muss ja essen. Aber mehr brauche ich eigentlich nicht. Die Möbel waren mir eigentlich nur im Weg."

Sie hatte in der Tat viel Platz in ihrer Wohnung. Sie setzte sich auf den Klavierhocker, der ihrem Gewicht erstaunlicherweise standhielt, und wies auf den Ohrensessel, in den ich mich fallen ließ. Er knarzte auf peinliche Weise, und ich platzierte mich am äußersten Rand.

Wohin ich auch blickte: Leere. Es sah nicht gut aus für den Vermieter. Als Nächstes würde er vermutlich die Räumungsklage anstrengen. Aber so etwas konnte dauern.

Corinna S. klimperte eine kleine Melodie. „Ab und zu gebe ich Gesangsunterricht, aber das macht den Kohl auch nicht fett. Meine vier Schülerinnen sind außerdem völlig talentlos – bis auf eine vielleicht. Doch die Opernszene ist ohnehin viel schwieriger geworden als zu meiner Zeit. Gute Stimmen gibt es viele. Man muss heutzutage auch noch schön sein und schauspielerisches Talent besitzen. Ich mache den Mädchen keine falschen Hoffnungen. Es ist ein verdammt hartes Geschäft."

In dem sie einst ein Star gewesen war. Diese Aura hatte Corinna S. immer noch, trotz ihres ein wenig grotesken Äußeren.

Ich sah sie streng an: „Lassen Sie uns über die Finanzen reden, gnädige Frau. Sie schulden ihrem Vermieter 4000 Euro, was dem Gegenwert von fünf Monatsmieten entspricht. Darüber hinaus haben Sie die Neben- und Heizkosten des letzten Jahres nicht beglichen, das sind weitere 1400 Euro. Die unbezahlten Stromrechnungen belaufen sich auf 950 Euro. Zwei Pfändungstitel, die gegen Sie erwirkt wurden. Gibt es irgendeine Chance, dass Sie – zumindest einen Teil davon – bezahlen können?"

Perlendes Lachen. Eine weit ausholende Geste. „Ich würde wirklich mit Vergnügen zahlen, meine Liebe. Schon um diesen lästigen Briefen zu entgehen."

Ihre Hand zeigte auf einen Stapel ungeöffneter Briefe, der auf dem Fensterbrett und auf dem Boden darunter lag. Es waren viele Briefe. „Aber wie Sie unschwer sehen, meine Liebe, bin ich vollkommen abgebrannt. Es gibt Tage, da ernähre ich mich von altem Kuchen. Es gibt ja auch nichts mehr zu verkaufen."

„Darf ich mir den Rest der Wohnung ansehen?"

Sie nickte, und ich ging in die Küche, die klein, aber komplett eingerichtet war. Im Schlafzimmer standen ein Bett, ein alter Kleiderschrank und ein Beistelltisch mit einem alten Plattenspieler. Ein Stapel Schallplatten. An den Wänden wieder Fotos, die Corinna S. zeigten, als ihre Welt noch groß und glänzend gewesen war. Da gab es tatsächlich nichts, das für eine Pfändung infrage käme. Bis auf den Bechstein-Flügel natürlich. Er schien gut erhalten und war meiner Meinung nach mindestens 10 000 Euro wert.

Als ich zurück in das leere Wohnzimmer kam, stand Corinna S. am großen Fenster und rauchte eine Zigarette. Es war offen, und draußen war ein schöner, warmer Sommertag. Sonnenstrahlen malten wilde Muster auf den Parkettboden, und sie warf einen gewaltigen Schatten.

„Na, haben Sie was gefunden?"

„Nein. Sie hatten recht. An Wertsachen ist nichts da."

„Ich habe immer recht, liebes Kind. Und Sie brauchen mir nicht zu sagen, dass Rauchen schlecht für die Stimmbänder ist. Ich habe erst damit angefangen, als meine Karriere ohnehin zu Ende war. Als ich wusste, dass meine Stimme für die Opernbühne nicht mehr taugte. Obwohl ich mir dieses Laster eigentlich gar nicht leisten kann. Ist aber auch gut gegen Hunger. Hatten Sie schon mal Hunger?"

Eine seltsame Frage, auf die ich keine Antwort gab. Ich stand neben dem Flügel und drückte auf die C-Taste. Drei Jahre Klavierunterricht als junges Mädchen, so lange, bis meine Mutter eingesehen hatte, dass ich unmusikalisch war und zur Pianistin nicht taugen würde. „Es gibt nur einen Gegenstand in der Wohnung, der von Wert ist. Der Bechstein-Flügel."

Corinna S. schien meinen Satz erst nach ein paar Sekunden zu begreifen. Sie warf ihre Zigarette aus dem Fenster und drehte sich zu mir. Weit aufgerissene Augen und hektische rote Flecken auf den Wangen. Sie zeigte mit ihrer Rechten auf den Flügel.

„Den da?! Meinen Bechstein?! Das Einzige, das mir geblieben ist?! DAS wollen SIE mir wegnehmen?!"

Ihre Stimme war schrill und auf dem Niveau des hohen C. Hass versprühende Augen und wogende Brüste, als sie sich auf das Fensterbrett schwang, erstaunlich behände für ihr Gewicht, und sie saß jetzt so auf dem Brett, dass ihr halber Körper im Freien zu schweben schien. Sie hielt sich mit einer Hand am Fensterladen fest. „Das lasse ich nicht zu, Sie Scheusal! Nur über meine Leiche …"

Ich war so erschrocken, dass ich keinen Ton herausbrachte. Automatisch ging ich einen Schritt auf sie zu: „Um Himmels willen … was machen Sie da?"

Sie wird sich nicht aus dem Fenster werfen, dachte ich, doch andererseits schien Corinna S. völlig außer Rand und Band. Hysterisch war gar kein Ausdruck für ihren Zustand, und ihre Stimmlage war beängstigend. „Weg vom Fenster!", schrie sie und rückte noch ein Stück nach draußen. Jetzt hing sie nur noch mit einem Bein und der knappen Hälfte ihres Gewichts nach innen. Wenn sie fällt, dachte ich, werde ich mir das nie verzeihen.

„Bitte, gnädige Frau, bitte tun Sie das nicht!"

„Bleiben Sie, wo Sie sind. Wenn der Flügel geht, gehe ich auch!"

Das war zwar melodramatisch, aber irgendwie glaubte ich ihr nicht. Dennoch machte mir ihre Stellung eine Höllenangst.

„Ich bitte Sie inständig: Gehen Sie vom Fenster weg. Ich werde den Flügel nicht pfänden."

„Das sagen Sie doch nur so!", schrie Corinna S., doch sie rückte ihren Körper ein wenig nach innen.

„Nein, wirklich, ich verspreche es Ihnen. Der Bechstein bleibt hier."

Sie sah mich misstrauisch an. „Wenn Sie mich belügen, werde ich mich aus dem Fenster stürzen. Und allen Leuten zurufen, dass Sie mich dazu getrieben haben."

Es war große Oper, nur dass sie nicht sang.

„Ich lüge nicht, gnädige Frau. Großes Ehrenwort."

Nun schwang sie ihr zweites Bein mit einiger Mühe nach innen und saß nur noch mit dem Hinterteil auf dem Fensterbrett. „O Gott, mir ist ganz schwindelig. Wie können Sie mich nur so aufregen, Sie …"

In Ermangelung eines passenden Schimpfwortes funkelte sie mich mit bösen Augen an. Die Pfauenfeder war ein wenig verrutscht, löste sich aus ihrem Turban und segelte nach unten. Sie drehte ihren Kopf und sah ihr nach. „Meine schöne Feder. Ich habe sie in der ‚Entführung aus dem Serail' getragen und als eine Art Talisman behalten. Und jetzt liegt sie auf der Straße und – o Gott – ein Wagen überfährt sie. Wollen Sie mir alles nehmen, woran mein Herz hängt?!"

Den Flügel schon mal nicht. Jetzt schluchzte Corinna S., aber es klang auch ein bisschen nach Bühne. Boulevard-Bühne.

„Es tut mir leid. Aber Sie müssen doch verstehen, dass ich nur meinen Job mache."

„Ein grässlicher Beruf", sagte Corinna S. „An ihrer Stelle hätte ich schon längst etwas Besseres gesucht." Verweinte Stimme, immer noch anklagender Ton. Sie saß noch am Fensterbrett, zumindest ein Teil von ihr. Nur die Pfauenfeder fehlte.

„Ich mag meinen Beruf. Nicht immer, aber im Prinzip schon. Wollen Sie nicht vom Fenster wegkommen?"

Corinna S. schwang sich vom Fensterbrett und kam auf mich zu. Immer noch böse, und für einen Augenblick fürchtete ich, dass sie sich mit all ihrem Gewicht auf mich stürzen könnte. Doch am Flügel blieb sie stehen. Sie streichelte ihn mit ringloser Hand. „Ich liebe ihn über alles. Mein bester Freund hat ihn mir geschenkt vor vielen, vielen Jahren. Er war schwul, wissen Sie. Die meisten Männer in der Opern-Szene waren schwul, aber doch so hinreißend charmant. Ludwig war mir der Liebste. Ein Traumpartner auf der Bühne. Unsere Stimmen passten perfekt zusammen. Wir waren das perfekte Bühnenpaar."

Eine einzelne Träne rollte über ihre fleischige Wange und zog eine Kajalspur. Sie war nicht mehr furchterregend, nur noch bemitleidenswert.

„Wir werden sagen, dass der Flügel ihr unabkömmliches Arbeitsinstrument ist, weil Sie doch Gesangsstunden geben. Dennoch müssen Sie Ihrem Vermieter irgendwie entgegenkommen. Sonst wird er eine Räumungsklage anstrengen und Sie irgendwann aus der Wohnung werfen."

„O mein Gott, was soll ich denn nur tun?"

„Auf jeden Fall sollten Sie Sozialhilfe beantragen. Dann können Sie auch Wohnbeihilfe beantragen – zumindest kommen Sie dann besser über die Runden."

Corinna S. schüttelte den Turbankopf und stampfte mit einem Fuß auf wie ein kleines, störrisches Kind. „Sozialamt?! Ich?! Das kann ich nicht, das wäre mir viel zu peinlich. Was, wenn mich jemand von früher erkennt? Und es in der Zeitung steht? Diese Schande! Und dann dieser Papierkram … nein, für so etwas bin ich nicht geschaffen!"

Wer schon? dachte ich, und das Mitleid zog sich wieder ein bisschen zurück. „Ich fürchte aber, dass Ihnen gar keine andere Wahl bleibt, wenn Sie nicht aus der Wohnung fliegen wollen."

„Dann stürze ich mich eben aus dem Fenster", trällerte sie in hohem Ton.

Die Nummer hatten wir schon mal, dachte ich. Hartherzig, doch es war wirklich schwer zu sagen, was an Corinna S. echt war – und was Schmierentheater.

„Das ist keine Lösung, gnädige Frau. Ich mache Ihnen einen Vorschlag zur Güte: Ich schicke Ihnen nächste Woche meinen Praktikanten vorbei. Er ist wirklich ein sozial engagierter, wunderbarer Mensch. Er wird Sie aufs Sozialamt begleiten und Ihnen helfen, die Formulare auszufüllen."

„Mag er die Oper?"

Ich hatte keine Ahnung, doch ich bejahte. „Sie werden sehen, es wird ganz einfach, wenn er Ihnen zur Seite steht. Was sagen Sie? Darf ich ihm Ihre Adresse geben?" Ein paar Sekunden des Überlegens, dann nickte Corinna S. majestätisch. Der Turban verrutschte und fiel ihr vom Kopf. Sie hatte schwarze, kurze Locken und sah ohne Kopfbedeckung viel besser aus. Sie hob den Turban auf und streichelte ihn beinahe zärtlich. „Es war eine wunderbare Aufführung damals. Das Publikum tobte, und es gab endlosen Applaus."

Sie sah mich an. „Ich besitze nicht mehr viel – nur die Erinnerungen an großartige Stunden. Aber vielleicht ist das mehr, als andere von sich sagen können. Schicken Sie mir Ihren jungen Mann, und ich werde den Gang nach Canossa antreten."

Ich nahm meine Aktentasche vom Boden auf. „Gut so, er wird sich Anfang nächster Woche bei Ihnen melden."

Es schien ihr schwerzufallen, doch sie presste ein „Danke" aus schmalen, kirschrot bemalten Lippen hervor. Führte mich zur Tür und ließ sie hinter mir zufallen. Als ich eine Treppe unter ihr war, hörte ich Klavierspiel und die Arie aus der „Zauberflöte". Die Königin der Nacht. Es klang nicht so, als ob sie ihre Stimme verloren hätte. Als ich auf der Straße stand, erscholl der Gesang aus dem offenen Fenster. Der Hölle Rache kocht in meinem Herzen. Ein paar Leute blieben auf der Straße stehen und lauschten.

RING FREI

Der Boxer kämpfte in der Schwergewichtsklasse, und so sah er auch aus. Er war fast zwei Meter groß und ein Muskelpaket. Als er mir die Hand quetschte, stieß ich einen kurzen Schrei aus. Ferdi F. hatte auch ein furchteinflößendes Gesicht: die klassische gebrochene Nase, eine Zahnlücke, gelbbraune Augen und pockennarbige Haut. Ein Adonis war er ganz sicher nicht, aber doch ein Mann, den niemand übersehen konnte.

Er hatte den Zenit seiner Laufbahn längst überschritten: Ferdi F. war 39 und einmal Europameister im Schwergewicht gewesen. Er hatte viele Kämpfe gewonnen, als er sich nach oben boxte, aber auch einige verloren, darunter alle Weltmeisterschafts-Qualifizierungen. Ich war nie ein Boxfan, doch sein Leben war an einem gewissen Punkt durch die Presse gegangen. Einst hatte er viel Geld verdient, das sein Manager in Aktien anlegte. Ferdi F. vertraute ihm blind, und das erwies sich als großer Fehler. Der Manager verspekulierte sich um einige Hunderttausend und verschwand mit dem Restgeld auf Nimmerwiedersehen. Zurück blieb Ferdi F. mit Schulden von über einer Million Euro.

Der Boxer verkaufte seine Eigentumswohnung und beglich einen Teil der Schulden. Doch die Bank pochte auf die Restrückzahlung von 250 000 Euro, deshalb stand ich vor ihm in der schlichten Dreizimmer-Mietwohnung in Milbertshofen.

Er war nicht unfreundlich, als er mich hereinbat, doch seine schiere Größe war ein Grund zum Fürchten. Sie passte so gar nicht zu seiner sanften, leisen Stimme. Es war fast ein Flüstern.

„Ein Treffer auf den Kehlkopf", sagte Ferdi, der ins Wohnzimmer vorausging. Er tänzelte beim Gehen, und unter dem weißen T-Shirt waren seine gewaltigen Muskeln zu sehen. Ich dachte mir, dass der Boxer mit seinem Schicksal bestimmt haderte. Betrogen um sehr viel Geld von einem Mann, der sich sein Freund genannt hatte. Vor sich Schulden, die er vermutlich nie zurückzahlen konnte. Und nichts in seiner Karriere deutete darauf hin, dass er jemals wieder sehr viel Geld verdienen würde.

Im Wohnzimmer saß eine rothaarige Frau am Computer. Seine Freundin Anke, sagte Ferdi F., und dass sie die Einzige sei, die ihn nach dem großen Crash nicht im Stich gelassen habe. „Alle anderen sogenannten Freunde sind verduftet, als klar wurde, dass ich mehr als pleite war. Das einzig Gute an so einem Unglück ist, dass man die echten Freunde von den falschen trennen kann."

„Nur schade, dass du keine echten Freunde hattest", sagte die Rothaarige. Ich schätzte sie auf fünfzig oder darüber; sie war älter als er und keine Schönheit, aber sie strahlte etwas aus, das stark und vertrauenerweckend war. Neben ihr wirkte Ferdi F. wie ein Riesenbaby, obwohl sie klein und zierlich gebaut war.

„Er hat der Bank doch alles gegeben, was er noch hatte. Was wollen die bei ihm noch holen?", sagte Anke zu mir. Im Gegensatz zu Ferdis war ihre Stimme messerscharf.

„Banken sind unerbittliche Gläubiger; die lassen niemals locker."

Wie oft hatte ich diesen Satz schon gesagt! Ich holte meine Papiere aus der Aktentasche und legte sie auf den Tisch. Wie immer ich dazu stand, ich musste meine Arbeit erledigen.

Die Wohnung des Boxers war einfach, aber geschmackvoll eingerichtet. Im Wohnzimmer sah ich nichts, das ich pfänden könnte. Auf meinen Wunsch führte mich Ferdi in die zwei anderen Räume. Im winzigen Schlafzimmer waren ein Bett und ein Schrank, und im dritten Raum hing lediglich ein Sandsack von der Decke. Sein Trainings-Studio, sagte Ferdi. Er hieb gegen den Sack mit einer Wucht, die ich einem großen Zorn zuordnete. Der Sandsack flog nach hinten und fast an die Decke.

„Wie lang ist das her, dass ihr Manager …?"

„Er war mein Freund", sagte Ferdi. „Wir kannten uns schon von Kindheit an. Ich hätte ihm mein Leben anvertraut, einfach alles. Und ich verstehe seinen Verrat bis heute nicht."

Er drückte die Faust an seine Stirn, als ob es helfen könnte. „Das macht mich verrückt. Ich kann einfach nicht aufhören, darüber nachzudenken. Vor einem Jahr, zwei Monaten und 14 Tagen ist er mit der Kohle verschwunden. Einfach so. Kein Brief, kein nix. Ich denke, dass er auf den Philippinen ist, weil er damals eine Freundin in Mindanao hatte. Ich bin sogar hingeflogen, aber ich habe ihn natürlich nicht gefunden. Als ob er vom Erdboden verschluckt wäre."

Mitleid ist ein Gefühl, das man in meinem Beruf eher nicht haben sollte. Doch er tat mir leid, wie er so dastand und immer noch darunter litt, dass sein Freund ihn so furchtbar betrogen hatte.

„Er hat mich irgendwie zerstört, dieser Verrat. Ich habe seither keinen wichtigen Kampf mehr gewonnen." Er drosch noch einmal gegen den Sandsack. „Weil ich das Gefühl verloren habe, ein Sieger zu sein. Wenn dein bester Freund dich betrügt, was bist du dann noch wert?"

„Die Frage müsste sich ihr Ex-Manager stellen, nicht Sie."

Ich wich in letzter Sekunde dem Sandsack aus, der in meine Richtung pendelte. Das war knapp. Ich fragte mich, ob er das absichtlich gemacht hatte.

„Können wir zurück ins Wohnzimmer? Und Sie haben doch noch ihre Freundin; das ist was wert!"

„Jaja. Aber Anke hat auch so ihre Probleme."

Er überlegte kurz, ob er weiterreden sollte, und entschied sich dagegen. Unwillkürlich fragte ich mich, was denn Ankes Probleme sein könnten. Dass ich es wenig später auf schmerzvolle Art erfahren würde, konnte ich nicht ahnen.

Im Wohnzimmer klärte ich Ferdi F. darüber auf, dass er die eidesstattliche Erklärung über seine Finanzen wiederholen müsse. Nur auf diese Weise könne er die Bank zumindest für eine Weile befriedigen. „Wir können es hier und jetzt machen, dann brauchen Sie nicht in mein Büro zu kommen."

Ich sagte ihm, welche Unterlagen ich von ihm brauchte. Im Grunde bedeutet die eidesstattliche Erklärung den finanziellen Striptease. Haarklein muss dargelegt und bewiesen werden, dass kein Geld da ist, um die Gläubiger zu bedienen.

„Ich kriege Sozialhilfe und Wohnungsgeld", sagte Ferdi F. Er holte die Papiere aus einer Schachtel und legte sie vor mich hin.

„Außerdem arbeite ich an den Wochenenden als Rausschmeißer in einem Club."

„Das", sagte ich, „habe ich jetzt nicht gehört."

„Du bist so ein Idiot", warf Anke ein. Sie rauchte ihre dritte Zigarette, seit ich da war. Sie schien sehr nervös zu sein.

„Und Sie haben keine weiteren Einnahmen – aus Boxkämpfen oder Werbeverträgen?"

„Nein. Die Zeit ist endgültig vorbei. Ab und zu ein Schaukampf in der Provinz für ein Abendessen und Freibier."

„Das habe ich auch nicht gehört. Ich gehe also davon aus, dass Sie keine weiteren Einnahmen jenseits der staatlichen Unterstützung haben."

„Reden Sie nicht so geschwollen daher", sagte Anke. Rasierklingenscharfe Stimme, und ihre Augen funkelten böse. Der Boxer sah auf einmal besorgt aus, und ich verstand nicht, warum.

„Tut mir leid, das ist der Slang unserer Branche. Arbeiten Sie eigentlich?"

Ich dachte, dass dies eine harmlose Frage sei. Doch ich lag falsch. Die Rothaarige begann zu kreischen. Was mich das anginge? Und ob wir vor Gericht seien? Den Ferdi würden doch alle nur bescheißen ... so in dem Stil. Sie hörte nicht auf, mich übel zu beschimpfen.

„Nun beruhig' dich doch", sagte Ferdi und versuchte, seinen Arm um sie zu legen.

Anke schüttelte ihn ab. An mich gewandt: „Hau bloß ab, du blöde Fotze, bevor ich dich in Stücke reiße."

„Anke, bitte", flehte Ferdi noch, dann sprang sie mich an wie eine Katze, warf mich samt Stuhl um und hielt mich am Boden fest, während sie mich abwatschte. Rechts, links, rechts, links ... ich war viel zu perplex, um zu reagieren, und ich konnte mich auch nicht wehren, weil sie meine Hände mit ihren Knien in Schach hielt. Sie war unglaublich stark und ein Bündel Wut, und ich schrie natürlich, was sie aber gar nicht zu hören schien.

Waren es Sekunden oder eine Minute, bis Ferdi endlich eingriff? Er zog die Widerstrebende von mir herunter und hielt ihre Hände, die ihn boxen wollten, fest.

„Ganz ruhig, Anke, du musst ganz tief atmen. Pschschscht ... es ist alles gut, mein Mädchen. Es ist nichts passiert."

„Doch", sagte ich, während ich mich vom Boden aufrappelte. „Sie hat mich vom Stuhl geworfen und mir ein paar Ohrfeigen verpasst. Es hat verdammt wehgetan."

Ich hielt mir die brennenden Wangen, die, so nahm ich an, feuerrot waren.

„Ich bringe Ihnen Eisbeutel aus dem Kühlschrank", sagte Ferdi. Zu Anke meinte er: „Kann ich dich loslassen? Ist alles wieder ok mit dir?"

Sie nickte bloß, die Augen niedergeschlagen. Ich sah, dass Tränen über ihre Wangen rollten. Ihre Lippen zuckten.

Ferdi kam mit zwei Eisbeuteln zurück, die ich gegen meine Wangen hielt. „Was zum Teufel …?"

Er tätschelte liebevoll Ankes Arm. „Ihre unkontrollierten Wutanfälle, die hat sie seit Jahren. Sie rastet einfach aus, und hinterher weiß sie nicht, wie und warum. Sie war schon bei zig Ärzten, aber keiner hat die Ursache gefunden. Es tut mir wirklich leid. Tut es noch sehr weh?"

Es ging so, aber schockiert war ich noch immer. Tätliche Angriffe waren eher selten, und wenn, erwartete man sie nicht von einer Frau. Einmal hatte mich ein Jugendlicher, der sich mit seinem Handy verschuldet hatte, angerempelt. Ein anderes Mal war es ein rabiater Familienvater, den ich aber mit einem Karateschlag außer Gefecht setzte. Ich war also durchaus wehrhaft, aber zum ersten Mal hatte mich eine Frau angegriffen und völlig überrumpelt.

„Ich entschuldige mich für den Ausraster", sagte Anke. Ihre Stimme war jetzt ganz leise.

„Ihnen ist aber schon klar, dass ich Sie anzeigen könnte."

Sie weinte heftiger, und der Boxer trocknete ihre Tränen mit einem Taschentuch. Die Szene war irgendwie rührend, und meine Wangen brannten nicht mehr so sehr, seitdem ich sie gekühlt hatte.

„Sie kann wirklich nichts dafür", sagte Ferdi flehend. Anke vergrub ihr Gesicht an seinem breiten Brustkasten.

Ich focht einen kurzen inneren Kampf aus, den mein besseres Ich gewann. „Na gut, ich nehme die Entschuldigung an und werde nichts unternehmen. Aber Sie, Ferdi, kommen morgen um zehn in mein Büro, um die eidesstaatliche Erklärung abzugeben. Mit allen Unterlagen, die ich Ihnen aufgeschrieben habe. Und OHNE Ihre Freundin."

Der Boxer nickte demütig. Er war die Sanftheit in Person und seine Freundin das Gegenteil davon. Jetzt aber war sie nur noch ein Bündel Elend – oder eine richtig gute Schauspielerin.

„Sie sollten noch einen Anlauf machen, die Ursache Ihrer plötzlichen Wutanfälle zu klären", sagte ich zu Anke, als ich aufstand. „Für jedes Problem gibt es eine Lösung."

Auch diesen Satz wiederholte ich oft, und ich glaubte wirklich daran.

Ferdi F. kam dann am nächsten Tag allein in mein Büro, und er brachte alle Papiere mit, die er für die eidesstattliche Erklärung brauchte. Ich sagte ihm, dass er jetzt hoffentlich für ein Jahr Ruhe von der Bank habe, und er bedankte sich herzlich bei mir. Den Tulpen-Strauß hatte er mir schon vorher überreicht und gesagt, dass Anke ihn gekauft habe.

Eine wirkliche Lösung für das Problem von Ferdi F. gab es jedoch leider nicht. Er würde seine Schulden nie zurückzahlen können. Seinen betrügerischen Freund vermutlich niemals finden. Keine großen Boxkämpfe mehr führen, weil er nicht mehr gut genug war. Ein Mann, der mit Niederlagen zu kämpfen hatte. Doch Ferdi hatte sein weiches Herz behalten, und er liebte die Frau, die mich geohrfeigt hatte, wirklich. Das große Glück vielleicht nicht, aber das kleine Glück traute ich ihm schon zu. Als er ging, wünschte ich ihm zum Abschied alles Gute. Ich war mir sicher, dass wir uns wiedersehen würden.

ZEIGT HER EURE SCHUH

Nelly B. war Schauspielerin. Nicht berühmt, aber doch bekannt für Auftritte in Theater und Fernsehen. Wenige Hauptrollen, sie war die ideale Besetzung für Nebenrollen, doch inzwischen waren auch kleinere Engagements seltener geworden. Sie war irgendetwas zwischen sechzig und siebzig Jahren; ihr wahres Alter verriet sie niemals, wie sie mir erklärte.

Sie war nie wirklich schön, hat aber immer das Beste aus ihrem Typ gemacht, dachte ich. In letzter Zeit war sie ziemlich von der Bildfläche verschwunden. Auf jeden Fall war Nelly B. in finanzieller Bedrängnis. Nelly B. hatte ihr Konto um 20 000 Euro überzogen, und die Bank wollte ihr Geld zurück.

Sie residierte in einer großen Altbauwohnung mit Art-déco-Möbeln, zumindest war das Wohnzimmer in diesem Stil eingerichtet. Die wertvollsten Stücke habe sie ihrer Freundin verkauft, sagte sie und zeigte mir Verträge.

„Sie überlässt mir die Möbel bis zu meinem Tod, ist das nicht nett von ihr?"

Das konnte der Wahrheit entsprechen oder aber ein Vorwand sein, die Möbel vor der Pfändung zu bewahren. War alles schon vorgekommen, nur war es schwierig, einen eventuellen Betrug nachzuweisen.

„Banken sind Verbrecherorganisationen", sagte Nelly B. und gestikulierte mit den Händen, während sie sprach. Sie trug einen Turban auf sehr hell gebleichtem Haar und einen Kaftan in Regenbogenfarben. Das Schönste waren die Schuhe:

goldene Sandalen mit geflochtenen roten Blüten. Die Nägel waren knallrot lackiert. Sie war stark geschminkt, trug aber bis auf eine Uhr und Creolen keinerlei Schmuck.

„Ich kriege eine Rente von 900 Euro im Monat, das ist doch ein Witz", sagte sie und nippte an einem Glas mit Aldi-Schampus.

Ich hatte dankend abgelehnt mitzutrinken. Niemals im Dienst!

„Ab und zu mache ich noch Synchronisation, aber im Fernsehen gibt es kaum noch Rollen für mich – und sie werden immer schlechter bezahlt, nebenbei bemerkt. Wie soll man da sein Auskommen haben? Ich habe zwei Zimmer meiner Wohnung an Studentinnen vermietet, aber sagen Sie das bloß nicht dem Hausbesitzer. Dem habe ich erzählt, das seien meine Nichten, die eine Weile bei mir logieren."

Ich versicherte ihr, dass ich sie beim Hauswirt nicht verpetzen würde.

Nelly B. wippte mit ihren Füßen, die so wunderschön beschuht waren. Dann zündete sie sich eine Zigarette an und rauchte mit hektischen Zügen. Sie schien nervös, aber auch ein wenig aggressiv.

„Aber Sie müssen sich Gedanken darüber machen, wie Sie ihr Konto ausgleichen. Die Bank wird nicht lockerlassen."

„Ach Gott, die soll bloß warten. Ich habe – vielleicht – ein größeres Engagement in Aussicht. In einer Fernsehserie, blödes Zeug natürlich, aber regelmäßiges Einkommen. Meine Agentin sagt, dass es sich in den nächsten zwei Monaten entscheidet."

„So lange wird die Bank nicht stillhalten, fürchte ich. Könnten Sie denn wenigstens eine geringe Summe …?"

„Ich bin pleite wie der letzte Geier", sagte Nelly B. „Die können mich mal! Einer nackten Frau kann man schließlich nicht in die Tasche greifen."

Ich versuchte, ihr begreiflich zu machen, was der Offenbarungseid bedeutet. Jedes Engagement, jedes Honorar würde von der Pfändung bedroht sein. Und sie würde nirgendwo mehr kreditwürdig sein, zumindest bei seriösen Institutionen.

Sie hörte mir aufmerksam zu, doch ich hatte das Gefühl, dass meine Worte sie nicht erreichten.

Sie hob ihr Bein. „Was denken Sie, was diese Schuhe gekostet haben?"

„Keine Ahnung. Ich glaube nur, dass ich sie mir nicht leisten könnte."

„Nun raten Sie schon."

„300?"

Nelly B. schüttelte indigniert den Kopf. „Sie haben wirklich keinen Schimmer. Das sind Manolos. Die kosten über 700 Euro. Ich habe einen Schuhtick, wissen Sie. Als ich noch gut verdiente, habe ich das meiste in Schuhe investiert."

Sie stand auf und bedeutete mir, ihr ins Schlafzimmer zu folgen. Es war sehr plüschig eingerichtet, nicht mein Stil, aber zu Nelly passte er irgendwie. Sie öffnete einen der wuchtigen Schränke, und ich hielt den Atem an: von oben bis unten nur Schuhe. Hunderte von Schuhen, säuberlich aufgereiht.

Stilettos, Plateauschuhe, Ballerinas, Slipper, Sandalen, Stiefeletten, Stiefel ... Schuhe in allen Farben und Höhen. Außer in Schuhgeschäften hatte ich nie zuvor so viele Exemplare gesehen. Und alle von ihnen sahen atemberaubend teuer aus.

Sie hatte mich beobachtet. „Jetzt wissen Sie, was ich meine. Da ist viel Geld hingeflossen, viel mehr, als die blöde Bank von mir will."

„Wie viel Paare sind das?"

„380, die älteren Exemplare sind in den anderen Schränken. Wie viele besitzen Sie?"

Ich hatte noch nie darüber nachgedacht und sah nachdenklich auf meine bequemen, ausgelatschten Ballerinas. „Weiß nicht. So um die 30“.

„Pah“, machte Nelly B., und es lag Verachtung in diesem Laut. Andererseits hatte ich keine Bankschulden. Doch konnte ich mir vorstellen, dass diese Leidenschaft ansteckend sein konnte. Die roten Pumps direkt vor meiner Nase hätte ich für mein Leben gern gehabt. Nicht, dass ich dachte, damit gehen zu können. Darauf kam es gar nicht an. Sie einfach nur anschauen, anprobieren, ein paar Schritte stöckeln …

„Ich habe ein Scheißvermögen für meine Lieblinge ausgegeben“, sagte Nelly B. „Andererseits hätte ich auch in Aktien investieren und damit auf die Nase fallen können. Oder mir eine Wohnung kaufen, als die in Schwabing noch bezahlbar waren. Aber nein, ich stand immer nur auf Schuhe. Sie sind sexy – und leichter zu haben als Männer, nicht wahr? Ein erotisches Placebo, das sich Frauen leisten wollen, weil sie doch wissen, dass Cinderella nur eine Märchenfigur ist und es deutlich mehr Frösche als Prinzen gibt.“

Ich gab ihr insgeheim recht und starrte weiter auf die roten Pumps. Nelly B. nahm einen davon und hielt ihn in der Hand. Die Farbe glitzerte im Schranklicht. „Den habe ich in Rom gekauft, als wir dort einen Dreh hatten. Ein blöder Film, der ein Flop wurde, aber es geht nichts, wirklich nichts über italienische Schuhdesigner.“

Sie stellte den Roten zurück und streichelte violette Stilettos. „Die hier sind von Prada. In denen will ich begraben werden.“

Welch Verschwendung, dachte ich und konnte den Blick nicht von den roten Schuhen wenden. Das teuerste Paar, das ich besaß, waren Stiefel für 260 Euro. Ich hatte lange überlegt, bevor ich sie mir kaufte. Nelly B.s Schuhschrank sah nicht so aus, als ob sie sich groß Gedanken über Preise gemacht hatte. Sie sah jetzt fast glücklich aus im Kreise ihrer Lieben. Ich wusste, dass ich dieses Glück mit meinem nächsten Satz zerstören würde.

„Es tut mir furchtbar leid. Aber wenn Sie nichts mehr besitzen, das von Wert ist, dann muss ich die Schuhe der Pfändung zuführen."

Nelly B. sah mich an, als hätte ich eben ihr Todesurteil verkündet. „Die Schuhe? Sie können mir doch nicht meine Babys wegnehmen." Auf ihren Wangen waren jetzt hektische rote Flecken, und ihre Augen sprühten Hass und Verderben.

Instinktiv ging ich einen Schritt zurück. „Ich kann, und ich muss. Außer, Sie finden einen Weg, die Forderungen der Bank zu begleichen."

Sie legte ihren Kopf gegen die violetten Schuhe. Unter geschlossenen Augen liefen ihr Tränen über die Wangen. Nelly B. war außer sich vor Schmerz, und ich fühlte mich schlecht. Immer noch, nach all der Zeit und all den echten und falschen Tränen, konnte ich mein Mitgefühl nie ganz ausblenden. Man wird härter mit den Jahren, aber nicht immun. Ich jedenfalls nicht. Ich legte meine Hand auf ihre Schulter. „Ich klebe jetzt das Siegel auf den Schrank. Sie bleiben ja zunächst, wo sie sind."

Sie heulte auf, drehte sich um und stellte sich schützend vor ihre Babys. „Nur über meine Leiche!"

Das war melodramatisch, und ich hatte keine Waffe in Händen, sondern die Pfändungssiegel, im Volksmund als „Kuckuck" bekannt.

Meine Stimme sollte beruhigend klingen. „Bitte gehen Sie zur Seite. Es passiert ja noch gar nichts. Und wenn Sie das Geld auftreiben oder sich mit der Bank über Raten einigen, werden die Schuhe auch hierbleiben."

Ein Stapel ungeöffneter Post auf ihrem Schreibtisch ließ darauf schließen, dass sie seit Wochen keine Briefe mehr gelesen hatte. Auch nicht die von der Bank. Wenn ihnen die Schwierigkeiten über den Kopf wuchsen, neigten Leute dazu, die Realität auszublenden.

Sie funkelte mich an und wich keinen Schritt zur Seite. Wiederholte den Satz mit der Leiche. Hysterie lag in der Luft.

„Ich bitte Sie, mir jetzt keine Schwierigkeiten zu machen. Das bringt doch nichts."

Ich versuchte sanft, wirklich ganz sanft, sie beiseitezuschieben, um das Siegel anzubringen. Doch damit löste ich einen Sturm aus. Nicht nur, dass sie hysterisch und in allerhöchster Tonlage zu schreien begann, sie kratzte mich auch mit den rot lackierten Fingernägeln.

„Aua!", schrie ich und zog meine Hand zurück. Der Handrücken zeigte blutige Kratzspuren, nicht tief, aber so, dass ich es spürte. „Sind Sie verrückt geworden!"

Ihr Schreien endete abrupt. „Sie haben angefangen, als sie mich wegstoßen wollten", sagte sie anklagend.

„Aber ich hab Sie nicht mal geschubst. Wollen Sie, dass ich mit der Polizei wiederkomme, um meiner Pflicht nachzukommen? Ich mach das doch hier nicht zu Spaß!"

Jetzt weinte sie wieder, und mein Mitleid war wieder mal stärker als mein Zorn. Dennoch tat ich es: Ich klebte das Siegel auf den Schuhschrank, bevor sie es verhindern konnte.

Nelly B. wechselte von lauter Hysterie zu stillen Tränen, und ich hatte keine Ahnung, was von beidem echt war. Ich reichte ihr ein Papiertaschentuch, und sie schnäuzte sich geräuschvoll.

„Ich muss jetzt noch eine Liste der Schuhe in diesem Schrank erstellen. Würden Sie mir behilflich sein? Ich kenne mich doch nicht aus, und Sie sind die Expertin."

Sie schien zu überlegen und kam dann mit einer Antwort, die ich nicht erwartet hatte.

„Aber nur, wenn ich zwei Paar Schuhe rausnehmen darf. Die roten Pumps und die violetten Stilettos. Meine Lieblingsschuhe."

Ich sah auf die Ansammlung prachtvoller Exemplare und dachte, dass noch genug übrig bliebe. Auf die zwei Paar kam es nun wirklich nicht an.

„Ja gut, einverstanden."

Sie nahm die Schuhe und sah wieder glücklich aus. Keine Spur von Tränen, Nellys Stimmungsschwankungen waren schon ein wenig unheimlich. Sie stellte ihre Lieblingsbabys neben ihr Bett.

„Danke, meine Liebe, tausend Dank. Sie haben mein Leben gerettet!"

Danach trank sie ein Glas Champagner. Wir setzten uns auf das Bett, und ich trug die Babys in meine Liste ein. Sie kannte jeden Designernamen und jeden Kaufpreis. Ich schrieb mit und dachte, dass sie tatsächlich ein Vermögen für ihre Schuhe ausgegeben hatte. Wie viel sie jetzt noch wert waren? Keine Ahnung! Aber ich konnte mir vorstellen, dass eine Schuhauktion viele Käuferinnen anlocken würde.

Nach einer Stunde waren wir fertig, und ich ließ sie das Dokument unterschreiben.

Nelly B. war wieder ganz friedlich, fast vergnügt. „Ich habe eine Entscheidung getroffen", sagte sie. „Ich werde jetzt meine Agentin anrufen und für dieses Dschungelcamp zusagen. Eigentlich wollte ich absagen. Ich finde den Gedanken, mich vor fremden Menschen zum Affen zu machen, absolut widerwärtig. Ich hasse schon die Vorstellung von Hitze, Ungeziefer und hässlichem Schuhwerk. Aber 25.000 sind auf der anderen Seite ein gutes Argument, nicht wahr? Ich könnte meine Bankschulden begleichen und …"

„… mir ein Paar Schuhe kaufen?", vollendete ich ihren Satz, und wir mussten beide lachen.

„Dann krieg ich doch meine Babys wieder, nicht wahr?"

„Auf jeden Fall", versicherte ich. „Sobald die Bank den Pfändungsbeschluss zurückzieht, entferne ich das Siegel."

Nelly B. sah auf ihre Traumsandalen und wackelte mit lackierten Zehen. „Ich schaff das schon irgendwie. Und ein bisschen abzunehmen kann mir auch nicht schaden." Sie sah mich mit strahlendem Lächeln an. „Denken Sie, dass ich ein wenig verrückt bin?"

„Aber nein", sagte ich und sah noch einmal verlangend auf die roten Pumps, bevor ich mich von ihr verabschiedete.

Ich habe Nelly B. später dann im Fernsehen gesehen. Sie trug die schönsten Dschungelboots in der Geschichte dieser Sendung, flog aber als Erste raus, weil sie sich benahm wie Imelda Marcos.

ANTIAUTORITÄRE VERHÄLTNISSE

Darauf hätte ich herzlich gern verzichtet. Eine Kindesherausgabe stand an. Bei derartigen Verfügungen kochen meistens die Emotionen besonders hoch. Oft lassen sich deshalb Kollegen von der Polizei begleiten.

Ich versuche, ohne Ordnungshüter auszukommen. Wird ein Elternteil auch noch mit der Polizei konfrontiert, verliert es oft jegliche Beherrschung, und es kommt zu handgreiflichen Auseinandersetzungen. Was für mich aber noch mehr zählt, sind die Kinder. Sie erleben solch ein Spektakel hautnah mit. Viele von ihnen sind danach traumatisiert. Das erspare ich ihnen gern.

In diesem Fall ging es um den Sohn eines Bankdirektors. Der Bub war elf Jahre alt und lebte bei der geschiedenen Frau von Hanns-Walther V. Die Eltern teilten sich das Sorgerecht. Nun hatte der Vater geklagt, dass sein Sohn unter unmöglichen Verhältnissen aufwachse. Dass er moralisch quasi verwahrlose. Dass die Großmutter und deren Freund, die zeitweise in der ehemals ehelichen Villa lebten, drogensüchtig seien. Ein Gericht hatte ihm recht gegeben und verfügt, dass das alleinige Sorgerecht auf den Vater übertragen werden sollte. Die Mutter sah das nicht ein und weigerte sich, den Knaben in die Obhut ihres Exmannes zu überstellen.

Ich hatte gehofft, dass mich der Vater Hanns-Walther V. begleiten würde. Das macht so einen Akt sehr oft leichter. Das Kind sieht ein Elternteil und sträubt sich nicht allzu sehr, mitzukommen.

Doch der Herr Direktor hatte anscheinend Wichtigeres vor.

„Sie machen das schon", meinte er gönnerhaft am Telefon. „Im Haus ist dann das neue Kindermädchen. Eine ganz reizende Person. Linus wird sie mögen!"

Das Haus der Ex lag idyllisch am Englischen Garten. Einer Gegend, in der man locker 28 Euro pro Quadratmeter bezahlt. Ich hatte mich telefonisch angekündigt, doch auf mein Läuten öffnete niemand. Es war Freitag am späten Nachmittag. In anderthalb Stunden hatte ich eine Verabredung mit Freunden im Biergarten.

Gut, dachte ich, eine Viertelstunde gebe ich ihr. Dann klingelte ich nochmals.

Wieder vergebens. Ich steckte Frau V. einen Zettel in den Briefkasten und bat sie, mich anzurufen, um einen neuen Termin zu vereinbaren.

Es muss gegen 22 Uhr gewesen sein; ich war gerade nach Hause gekommen, als mein Telefon läutete.

Ein Mann schrie mich an.

„Wo steckt mein Sohn?", plärrte er.

Ich vermutete, dass es sich um Direktor V. handelte. „Mit wem spreche ich denn?", fragte ich.

„Mit wem spreche ich denn?", äffte er meine Frage nach. „Na, mit wem werden Sie unfähige Person wohl sprechen? Ich komme nach Hause, und mein Sohn ist nicht hier. Hat Sie meine Geschiedene, diese unsägliche Person, auch schon eingewickelt?"

Ich versuchte ihm zu erklären, dass mir niemand geöffnet hatte. Er war nicht zu stoppen.

Seine Beschimpfungen gingen vom dämlichen Weibsbild bis erneut zur unfähigen Person, die wahrscheinlich, weil sie bestimmt auch eine Emanze ist, mit seiner Ex paktieren würde.

Als ihm buchstäblich die Luft ausging, sagte ich: „Ich erwarte morgen einen Anruf Ihrer Exfrau, wann wir die Übergabe Ihres Sohnes machen. Ich werde Sie dann benachrichtigen. Guten Abend!"

Ich überlegte kurz, ob ich ihn wegen Beleidigung anzeigen sollte. Was für ein jähzorniges Ekel. Bei diesem Typen sollte nun ein Elfjähriger aufwachsen?

Als ich bis zehn Uhr morgens nichts von der Exfrau des Zornnickels hörte, fuhr ich erneut zu ihrem Haus. Die Frau, die mir öffnete, war Mitte vierzig; sie machte einen verängstigten Eindruck.

„Ich bin Eliane V. Gott sei Dank sind Sie allein gekommen", sagte sie. „Meinen Geschiedenen würde ich nicht mehr ins Haus lassen!"

„Kann ich gut verstehen!"

Sie sah mich erstaunt an.

„Ich hatte gestern Abend das Vergnügen, einen Zornausbruch Ihres ehemaligen Mannes ertragen zu dürfen!"

Sie lachte kurz auf.

„Dann haben Sie ja einen kleinen Eindruck, wie das Eheleben mit einem derart jähzornigen Menschen aussah!"

Ich schaute mich um. Von ihrem Sohn keine Spur.

„Sie wissen, weshalb ich hier bin?"

Sie nickte.

„Mein Anwalt hat schon eine Beschwerde gegen dieses Urteil eingereicht. Er meinte, ich solle, bis darüber entschieden ist, meinen Sohn kurzfristig seinem Vater überlassen. Aber das will ich nicht! Sie haben ja selbst erlebt, wie unbeherrscht dieser Mann ist!"

„Sie bringen mich da in eine unangenehme Lage. Ich bin hier, um ein Urteil zu vollstrecken. Wo befindet sich Ihr Sohn denn?"

„Meine Mutter ist mit ihm verreist!"

„Muss er denn nicht in die Schule gehen?"

„Schon – aber ich habe ihn krankheitshalber für ein paar Wochen abgemeldet!"

„Sie wissen, dass dies Kindesentzug ist und Sie außerdem gegen die Schulpflicht …"

Eliane unterbrach mich aufgeregt. „Was soll ich denn gegen diesen Mann sonst tun? Er stellt sich ja geradezu taub, wenn ich ihm sage, dass Linus Angst vor ihm hat. Dass der Junge, wenn er bei seinem Vater übernachtet hat, als Bettnässer zurückkam." Sie begann zu weinen.

„Wie kam es denn überhaupt zu diesem Streit?"

„Das ist eine lange ätzende Geschichte. Wollen Sie die überhaupt hören?"

Eigentlich nicht, dachte ich kurz. Doch dann tat mir diese verzweifelte Frau leid.

„Der eigentliche Zankapfel ist meine Mutter. Sie lebt mit ihrem Freund in einer Hippiekommune auf Formentera. Wenn das Wetter dort ungemütlich wird, kommen beide nach München und überwintern bei mir. Bis zu meinem achten Lebensjahr habe ich ebenfalls in der Kommune gelebt. Meine Mutter, eine ehemalige Kunstlehrerin, hat mich unterrichtet. Es war einfach himmlisch! Keine Vorschriften. Wir Kinder durften machen, wonach uns der Sinn stand. Im Sommer rannten wir meistens nackt herum. Viele der Erwachsenen auch. Damals galt jeder als verklemmt, der voll bekleidet durch die Gegend lief. Ich empfand diese Zeit als paradiesisch. Meine Mutter hat mich dann in ein Internat in Bayern gesteckt. Ich habe dort Abitur gemacht und mit dem Kunststudium begonnen. Jahre später, als ich meinen Exmann kennenlernte, fuhr ich mit ihm nach Formentera. Vielleicht sollte ich noch sagen, dass Hanns-Walther aus einer unglaublich spießigen Juristenfamilie stammt. Sein Vater war Richter, und so führte er sich wohl auch zu Hause auf. Egal, ich konnte bei diesem Elternhaus schon verstehen, dass mein Mann über das Leben in der Kommune fassungslos war. Das Erste, was er mich fragte, war, ob ich auch als Erwachsene immer nackt herumgelaufen wäre und wie das mit meinem Drogenkonsum sei!"

Ich musste über die Erzählung von Eliane schmunzeln. Auch ich stamme aus einem 68iger-Elternhaus und wurde antiautoritär erzogen. Später musste ich mühsam die ‚normalen Regeln' des Miteinanders lernen. Wenn ich Freunde amüsieren will, habe ich große Lacherfolge mit einem Lieblingssatz meines Stiefvaters: Wer zweimal mit derselben pennt – gehört schon zum Establishment. Das war einer der Hauptsprüche der Achtundsechziger.

Als ich diesen Satz gegenüber Eliane zitierte, nickte sie: „Genau! Das kenne ich auch! Als mein Ex den Satz hörte, flippte er total aus! Ich dachte damals: Der wird schon! Seine abgrundtiefe Spießigkeit war mir damals überhaupt nicht bewusst!"

Aus eigener Erfahrung kannte ich derartige Reaktionen. „Frau V., entschuldigen Sie, wenn ich das frage, aber was hat denn zu Ihrer Scheidung geführt?"

„Es war genau diese Einstellung! Nur seine Sicht der Dinge galt. Sowieso hatte eine Frau nichts zu sagen. Sie hatte, wie seine Mutter, zu repräsentieren und zu funktionieren! Ich wollte aber gern meinen Beruf als Kunsttherapeutin ausüben. Keine Chance! Gebetsmühlenartig hörte ich all die Jahre: „Meine Frau hat es nicht nötig zu arbeiten. Besonders nicht in einem derartig lächerlichen Beruf." Aber das war nicht der Grund der Trennung. Unser Sohn liebt meine Mutter. Er ist wie ausgewechselt, wenn er aus Formentera zurückkommt. Mein Mann sah jedes Mal rot. Im vorletzten Sommer flog er extra nach Spanien, um Linus aus den Klauen dieser ‚verderbten Tagediebe', wie er es nannte, zu befreien. Er machte einen entsetzlichen Aufstand. Sogar die örtliche Polizei musste eingreifen. Mein Ex war gegenüber dem Freund meiner Mutter handgreiflich geworden und hatte ihm zwei Zähne ausgeschlagen. Die Polizei hat ihn dann mitgenommen. Unser Sohn blieb bei meiner Mutter, die ihn dann zusammen mit ihrem Freund bei mir in München ablieferte!"

„War ihr Mann verhaftet worden?"

„Nein. Aber nachdem er wohl auch die Polizisten beschimpft hatte, behielten die ihn über Nacht da. Und am nächsten Tag, als er in der Kommune auftauchte, waren meine Mutter und ihr Freund schon auf dem Weg nach München!"

„Sie lebten zu dieser Zeit noch zusammen?", fragte ich.

Eliane nickte. „Eigentlich nur noch wegen Linus. Aber als mein Mann zurückkam, zeigte er den Freund meiner Mutter wegen Drogenbesitzes an. Da war bei mir endgültig Schluss! Dummerweise fand die Polizei ein paar Hundert Gramm Gras in der Reisetasche meiner Mutter. Ihr Freund wurde daraufhin wegen Handels mit Rauschmitteln vorläufig festgenommen."

Eliane war in die Küche gegangen, um neuen Kaffee für uns zu brühen, als es an der Haustür Sturm klingelte.

„Könnten Sie bitte öffnen?", rief sie.

Ich hatte gerade die Türklinke in der Hand, als sie gewaltsam aufgerissen wurde. Ein untersetzter Mann um die fünfzig schleuderte mich mit einer Handbewegung gegen die Wand und stürmte in den Wohnraum.

„Wo ist Linus?", brüllte er.

Ohne eine Antwort abzuwarten, rannte er in den ersten Stock. Dort riss er Türen auf, stieß Möbelstücke um und erschien mit hochrotem Kopf erneut im Wohnraum.

Eliane stand kreidebleich und zitternd in der Küchentür.

Hanns-Walther V. packte sie an den Schultern und schüttelte sie.

„Wo ist mein Sohn?", schrie er. „Ich werde nicht gehen, bevor du meinen Sohn herausgibst!"

„Herr V., ich bin die Gerichtsvollzieherin. Es wäre gut, wenn Sie sich erst einmal beruhigen würden." Ich versuchte, die Situation zu entschärfen.

Erfolglos!

„Anstatt hier mit meiner Frau einen Plan auszuhecken, wie man mich reinlegen kann, sollten Sie lieber das tun, wofür Sie Ihr Geld bekommen!"

Er hatte seine Frau mit einem Stoß auf eine der Couchen geworfen und kam drohend auf mich zu.

Hanns-Walther V. war ein kräftiger Mann und dazu noch ein völlig außer sich geratener. Ich spürte noch den Aufprall meines Hinterkopfes an der Hauswand, als er sich Zutritt verschafft hatte. Ganz kurz dachte ich daran, meine Aktentasche zu nehmen und den Rückzug anzutreten. Dann aber siegte mein Zorn.

„Herr V., ich werde jetzt die Polizei anrufen, wenn Sie sich nicht sofort beruhigen und vernünftig mit Ihrer Frau und mir reden!"

Er lachte nur. „Was willst du kleine Tussi eigentlich? Drohst mir mit der Polizei!" Er ließ sich in einen Sessel fallen. „Ich gehe erst, wenn man mir meinen Sohn aushändigt!"

Ich erklärte ihm, dass sein Sohn nicht da sei und dass er jetzt gehen solle. „Wir können morgen über alles reden", versuchte ich die Situation in den Griff zu bekommen.

„Kommt überhaupt nicht infrage!", schrie er erneut und sprang auf. Er näherte sich seiner Frau und drohte: „Wenn du mir nicht sofort sagst, wo Linus ist, schlage ich hier alles kurz und klein! Ich werde meinen Sohn nicht bei Leuten lassen, die weder Anstand noch Moral kennen. Wahrscheinlich schleppst du ja schon deine Liebhaber hier an und veranstaltest Nudistenpartys!"

„Herr V., mäßigen sie sich. Sie können hier doch nicht …"

Er drehte sich zu mir. „Ich kann was nicht?", fragte er mit sich überschlagender Stimme. „Wollen Sie mickrige Beamtin mir erzählen, was ich nicht kann? Raus hier! Machen Sie, dass Sie wegkommen!"

Tief durchatmen, sagte ich mir. Nicht ausrasten. Ich nahm mein Handy aus der Tasche.

„Nur damit es klar ist", sagte ich zu diesem wütenden Ekel. „Ich rufe jetzt eine Funkstreife!"

Hanns-Walther V. starrte mich an.

„Sie tun was?", fragte er irritiert.

„Ich rufe die Polizei, weil ich mich von Ihnen bedroht fühle! Das dürfte auch im Sinne ihrer Exfrau sein! Außerdem werde ich Sie anzeigen!"

Hanns-Walther V. kam auf mich zu. Ich wich zurück. Er schüttelte sich, sah seine weinende Exfrau an und sagte: „Das wird ein Nachspiel haben! Ich gehe freiwillig! Aber glauben Sie nicht, dass ich mir von so einer lächerlichen Figur wie Ihnen meine Rechte beschneiden lasse. Meine Anwälte werden Sie in der Luft zerreißen. Das verspreche ich Ihnen!"

Er schlug die Haustür zu und fuhr mit aufheulendem Motor davon.

Mir war nach diesem Zirkus ziemlich flau im Magen.

„Wenn Sie wollen, werde ich den Auftritt Ihres Ex gern bezeugen!", sagte ich zu der noch immer weinenden Frau. Ich gab Eliane meine Visitenkarte.

Zwei Monate später bekam ich eine Postkarte aus Formentera. „Alles paletti", schrieb Eliane V. „Linus und ich erholen uns bei den unmoralischen Nudisten! Nochmals herzlichen Dank!" Unterschrieben war die Postkarte von Eliane und Linus.

EIGENTOR

Ich hatte ihn dreimal angeschrieben und weitere dreimal an der Tür seines Hauses geklingelt – ohne Reaktion. Orlando Z. war zwar ständig in den Klatschspalten, aber offenbar nie zu Hause. Ein berühmter Ex-Fußballer, mit 45 Jahren inzwischen sportlich gesehen ein Rentner. Er wohnte in München und war überall dort unterwegs, wo es mit seinem verblassenden Ruhm noch Geld zu verdienen gab. Ab und zu erschien er im Fernsehen bei Trash-Sendungen oder gab bei Fußballspielen den kundigen Co-Moderator ab.

Soweit ich es aus den Hochglanzmagazinen wusste, war er mit einem Modell aus Litauen frisch liiert. Aus meinen Akten war ersichtlich, dass er mehr Geld ausgab, als er einnahm. Er schuldete unter anderem die Leasingraten für seinen neuen Ferrari (15 000 Euro) und den Gegenwert eines Dreikaräters, den er bei einem Juwelier in der Innenstadt gekauft hatte. Der Ring hatte 130 000 Euro gekostet, und Orlando Z. hatte nicht mal eine Anzahlung leisten müssen, als er ihn kaufte. Der Juwelier glaubte ihm, dass er den Betrag umgehend überweisen würde, doch nach sechs Monaten und etlichen Mahnungen war der Promi-Bonus endgültig verspielt. Der Juwelier wandte sich an die Justiz, ebenso wie das Autohaus, das die Geduld mit dem säumigen Zahler verloren hatte.

Zwei Pfändungsbeschlüsse hatte ich in der Tasche, als ich vor dem Sportgeschäft wartete, in dem Orlando Z., einer Lokalzeitung zufolge, eine Autogrammstunde geben wollte. Ein paar Fußballfans waren auch da, zwei Fotografen und ein paar Lokaljournalisten. Eine Münchner Berühmtheit war Orlando Z. immer noch, auch wenn er auf dem Abstieg vom A-Promi zum C-Promi war.

Die Fans klatschten, als Orlando Z. mit federnden Schritten und einem Fußball in der Hand am Tatort erschien. Er lächelte, die Fotoapparate blitzten, und der Besitzer des Sportgeschäftes schüttelte dem Star die Hand und sprach ein paar warme Worte. Die zwei Lokaljournalisten fragten Orlando nach seiner neuen Liebe, doch zu diesem Thema wollte er nichts sagen. Er sprach stattdessen von Fußball und Fairness und den tollen Sportartikeln, die es in dem Geschäft zu kaufen gab. Noch einmal ein Handshake mit dem Besitzer, dann schrieb er ein paar Autogramme und warf den Fußball mit seiner Signatur in die überschaubare Menge.

Mir schien es an der Zeit, mich bemerkbar zu machen. Ich drängelte mich an ein paar Fans vorbei und stand schließlich vor Orlando Z. Ich wedelte mit dem Gerichtsbeschluss und sagte, dass ich ihn dringend sprechen müsse, worauf er mich ansah, als wäre ich Pferdemist.

„Ein Missverständnis", sagte er zu dem Geschäftsführer. Dann zischte er mir ins Ohr, dass ich mit ihm nach Hause fahren könne. Aber keinen Ton mehr vor Publikum, und die Papiere müssten sofort verschwinden.

Da ich ihm keinen Skandal bescheren wollte, signalisierte ich Zustimmung, indem ich den Gerichtsbeschluss in meine Tasche steckte. Aber ich ließ Orlando Z. nicht aus den Augen, und nachdem er ein Kuvert des Ladenbesitzers eingesteckt hatte, das Honorar, wie ich annahm, heftete ich mich an seine Fersen und folgte ihm zu seinem feuerroten Auto. Der Ferrari, für den er die Leasingraten schuldig war.

„Steigen Sie ein", sagte er unfreundlich und ging auf die Fahrerseite, ohne mir die Tür zu öffnen. Ich ignorierte seine Unhöflichkeit und setzte mich in den Wagen. Meine Ferrari-Premiere, der Sitz lag tief und war nicht gerade bequem. Orlando Z., der nach seiner Profikarriere ein wenig in die Breite gegangen war, zwängte sich auf den Fahrersitz und zündete sich eine Zigarette an, natürlich ohne zu fragen, ob es mich störte. Immerhin öffnete er mein Fenster, indem er auf einen der vielen Knöpfe drückte.

„Das war ja ein Ding, mich vor allen Leuten zu belästigen. Was haben Sie sich dabei gedacht?"

„Ich dachte mir, dass ich Sie endlich mal erwische. Meine Briefe und Ankündigungen haben Sie ja ignoriert. Ich hätte auch mit der Polizei zu Ihnen nach Hause kommen können, das war jetzt die nettere Variante."

Er sagte nichts und startete den Wagen, der aufjaulte. Dann schoss er aus der Parklücke und fädelte sich in den Verkehr ein. Orlando Z. fuhr aggressiv, aber vermutlich gab es gar keine andere Möglichkeit, als den Wagen auf diese Weise zu bewegen. Wir sprachen nichts mehr, und es war auch viel zu laut für jede Form der Konversation. Vor dem Haus, in dem seine Wohnung lag, hielt er mit quietschenden Bremsen. „Steigen Sie aus, ich fahr den Wagen noch in die Garage."

„Ich komme mit", erwiderte ich. Das Gefühl, dass er mir entwischen wollte, war sehr stark. Ich hatte nicht die Absicht, mich von ihm abhängen zu lassen.

Nun grinste er, als ob er meine Gedanken lesen könnte. „Sie trauen mir wohl nicht."

„Nein."

„Auch gut, dann fahren wir eben gemeinsam in die Garage."

Seine Wohnung lag im fünften Stock, und man hatte einen wunderbaren Blick auf München. Penthouse eben, und die Einrichtung war modern, ein wenig protzig und seelenlos. Als ob Orlando B. einem Innenarchitekten den Auftrag gegeben hätte, von allem das Teuerste zu kaufen. Alles passte zusammen, doch mehr als „Schöner Wohnen" kam nicht heraus. Ich dachte, dass ich mich in dieser Art Wohnung nicht wohlfühlen würde und dass die Aussicht das Beste an ihr war.

„Wollen Sie was trinken?"

Ich verneinte, und Orlando Z. ging an die Bar und schenkte sich einen Gin Tonic ein. Er machte den Eindruck eines Mannes, der schnell gelangweilt ist und von ewig unerfüllter Lebensgier getrieben. Das Gerücht ging, dass er zu viel trank. Im Grunde war er arbeitslos, seitdem er als Profi-Fußballer aufgehört hatte. Ein kurzes Gastspiel als Trainer im Ausland endete mit einem Hinauswurf. Schlagzeilen machte Orlando Z. vor allem durch seine Frauengeschichten. Models und Schauspielerinnen, alle am Anfang ihrer Karriere, säumten seinen Weg. Im Durchschnitt hielten sie sich ein halbes Jahr an seiner Seite, dann machte er seine nächste „Entdeckung". Seine Letzte war – dies hatte ich aus den Klatschspalten – ein litauisches Modell namens Paula. Sie war blond, langbeinig und makellos schön. So wie alle anderen.

Er schenkte sich einen zweiten Gin Tonic ein, während ich die Papiere hervorholte.

„Das Autohaus und der Juwelier möchten gerne Geld sehen", sagte ich mit einem, wie ich hoffte, zuversichtlichen Lächeln.

Orlando Z. blies Rauchringe in die Luft und schien fasziniert von seinem Können.

„Hören Sie mir zu?"

Er sah mich zum ersten Mal, seit wir in der Wohnung waren, direkt an. „Jaja, das tue ich. Das Problem ist nur, dass zurzeit das Geld ein wenig knapp ist. Ein vorübergehender Engpass."

Das interessiert doch keinen, dachte ich. Sagte: „Warum haben Sie dann diesen teuren Ring gekauft?"

Ein kurzes Lächeln und der Anblick von perfekten Zähnen. Aber er war nicht mehr so attraktiv wie vor zehn Jahren noch.

Er wirkte aufgeschwemmt und müde. Der überdrüssige Zug um seinen Mund machte ihn beinahe hässlich.

„Warum, warum … weil ich in Paula verliebt war und sie beeindrucken wollte. Diamonds are a girl's best friend. Weiß doch jeder. Außerdem hatte ich zu der Zeit einen größeren Werbeauftrag in Aussicht. Im Millionenbereich. Also dachte ich, dass ich den Ring aus der Westentasche bezahlen kann. Aber leider platzte der Deal in letzter Minute. Weshalb, wie schon gesagt, das Geld zurzeit ein wenig knapp ist."

„Ich fürchte, die Gläubiger werden keine Rücksicht darauf nehmen."

Mein Satz machte ihn wütend. Sein Gesicht lief rot an, und er nahm einen kräftigen Schluck, bevor er mich anblaffte. „Die Scheißgläubiger können mich mal. Erst werfen sie mir die Sachen hinterher, nur damit sie sich mit meinem Namen brüsten können. Und dann regen die sich auf? Scheiß drauf, kann ich da nur sagen. Das können sie denen eins zu eins bestellen."

Was ich sicher nicht tun würde. Ein angetrunkener, aggressiver Orlando Z. war allerdings nicht, was ich mir wünschte. Deeskalationsstrategie: sanfte Stimme, einlenkender Tonfall, und ein Hauch Schmeichelei, um die gekränkte Eitelkeit zu besänftigen. „Ich verstehe, was Sie meinen. Es ist sicher nicht nur angenehm, so wahnsinnig prominent zu sein. Aber Sie müssen auch meine Position verstehen. Es ist nichts Persönliches. Ich bin hier, damit wir gemeinsam eine Lösung Ihres Problems finden. Und es gibt immer Lösungen."

Sein Gesicht entspannte sich, offenbar hatte ich den richtigen Ton getroffen.

„Ich will denen ja nix wegnehmen. Von mir aus können sie den doofen Ferrari zurückhaben. Ist ja sowieso nur eine Benzinvernichtungsmaschine."

Ich nickte zustimmend. „Das ist eine gute Idee. So kommen wir weiter. Vielleicht könnten Sie sich entschließen, mir die

Schlüssel und Wagenpapiere zu geben, und eventuell zwei der vier ausstehenden Leasingraten. Ich glaube, damit wäre dieses Problem vom Tisch."

Er schien zu überlegen. „Zwei Monatsraten? Das sind ja 5000 Euro!"

„Es ist ein teurer Wagen, und Sie haben keine Anzahlung geleistet."

„Aber geil ist er", sagte Orlando Z. „Die Frauen lieben Ferrari-Männer."

Eine gewisse Art von Frauen, dachte ich, sprach es aber nicht aus. „Das kann ich mir gut vorstellen. Können wir es so machen? Wagen zurück und zwei Raten? Ich meine, ich brauche noch die Zustimmung des Gläubigers, aber ich könnte mir vorstellen, dass er mit diesem Kompromiss leben kann."

„Ich brauch das Scheißauto sowieso nicht mehr", meinte Orlando Z., ging zu seinem weißlackierten Schreibtisch und holte die Autopapiere aus der Schublade. Warf sie mir mit den Schlüsseln hin. „Hier, können Sie haben." Dann nahm er das Kuvert aus seiner Lederjacke und zählte daraus 5000 Euro ab.

„Nicht werfen", sagte ich mit strenger Stimme.

Das schien zu wirken, denn er legte sie manierlich auf den Tisch. Ich stellte ihm Quittungen aus für das Geld und die Wagenpapiere. Er legte sie achtlos auf den Schreibtisch, der mit Papieren bedeckt war und chaotisch aussah.

Wir hörte beide, wie die Tür geöffnet wurde, Schritte im Flur, dann erschien Paula, die ganz in Weiß gekleidet war und dafür die perfekte Figur hatte. Sie war sehr groß, sehr schlank und sehr blond. Frauen wie sie machten mich immer ein bisschen neidisch, doch ich musste zugeben, dass ihr strahlendes Lächeln sehr einnehmend war.

Paula warf ihre Handtasche auf einen der Ledersessel. „Oh, wir haben Besuch, wie nett. Wir sind mit dem Shooting früher fertig geworden. Ich hoffe, ich störe nicht."

„Sie ist nur eine Gerichtsvollzieherin", sagte Orlando Z., ohne meinen Namen zu erwähnen, wahrscheinlich hatte er ihn schon vergessen. „Willst du einen Drink?"

„Danke, es ist noch zu früh", sagte Paula. „Aber du hast unserem Gast gar nichts angeboten." Dass eine Gerichtsvollzieherin in der Penthouse-Wohnung saß, schien sie nicht zu beeindrucken.

„Sie will nichts. Du willst nichts. Dann muss ich eben alleine trinken."

Orlando Z. schüttete sich seinen dritten Gin Tonic ein.

„Er hat ein kleines Alkoholproblem", sagte Paula, schlüpfte aus ihren hochhackigen weißen Stiefeln und ließ sich neben mich auf die Couch fallen. „Und offenbar auch noch ein kleines Geldproblem, das ist aber wirklich lästig."

Sie sprach fast akzentfrei und mit einem Hauch Ironie. Ich dachte, dass schöne Models ja nicht unbedingt blöd sein müssen. Obwohl Durchschnittsfrauen wie ich das nur zu gerne annahmen.

„Das kannst du laut sagen, Süße." Orlando Z. setzte sich uns gegenüber. „Ich gebe das blöde Auto zurück, ich häng ja nicht an dem Ferrari. Du etwa?"

Paula schüttelte ihren schönen Kopf. Als sie sich eine Zigarette aus der Schachtel holte, die auf dem Couchtisch lag, registrierte ich den Ring: ein großer, funkelnder Stein, gesäumt von Diamantensplittern. Er war wirklich wunderschön.

„Sind wir jetzt fertig?", fragte mich Orlando Z.

„Ich fürchte nicht. Da wäre noch der unbezahlte Ring."

Paula sah auf mich, dann auf Orlando, dann auf ihren Ring. „Der hier?"

„Genau der", sagte ich.

Orlando Z. sah angeekelt aus, diese Szene gefiel ihm überhaupt nicht. „Der Scheiß-Juwelier hat ihn mir quasi aufgedrängt. Ich soll bezahlen, wann ich will, hat er gesagt. Stimmt doch Baby, oder?"

Paula zuckte mit den Achseln. „Weiß ich nicht mehr, ist schon so lange her."

„Genau", sagte ich, „sechs Monate."

„Sagen Sie diesem Schmuckhengst, dass ich den Brilli irgendwann zahle, wenn ich wieder flüssig bin. Hab einen Buchvertrag in Aussicht, dann ist die Sache wieder geritzt."

Orlando Z. grinste Paula an, doch sie funkelte nur gereizt zurück. Die heiße Liebe, so kam es mir vor, war schon ganz schön erkaltet.

Ihr Lächeln war eisig. „Du solltest keinen Schmuck verschenken, den du nicht bezahlen kannst, Orlando. Das ist billig."

„Der Ring war aber nicht billig", erwiderte Orlando Z. gereizt. „Und du hast ihn nur zu gerne genommen."

„Der Juwelier will ihn zurückhaben", warf ich ein.

Auf diesen Satz hin nahm er sein leeres Glas und warf es in Richtung Bar, wo es am Kirschholz zerschellte.

Paula und ich hatten uns instinktiv geduckt.

„Drehst du jetzt durch, oder was?" Paula warf ihm einen mörderischen Blick zu.

„Ich bin sauer, Baby. Diese Geldgeschichten turnen mich überhaupt nicht an."

Paula setzte sich sehr gerade hin und sprach mit eisigster Stimme: „Und nenn mich nicht immer Baby, du alter Sack. Ich bin 23 und könnte deine Tochter sein, bin ich aber nicht. Und ich habe es so satt, dass du ständig trinkst und Leute beleidigst und mich langweilst – um dann schnarchend ins Bett zu fallen. Du reißt dich nur zusammen, wenn Kameras auf dich gerichtet sind. Aber weißt du was? Das reicht nicht. Mir reicht es nämlich. Mit dir!"

Jetzt war es still, ganz still.

Die Ratte verlässt das sinkende Schiff, dachte ich, was aber nicht nett war, wie ich zugeben musste. Paula war zu jung, zu schön und zu klug für den Ex-Fußballer. Sie war durch ihn bekannt geworden und hatte Aufträge als Model bekommen. Jetzt brauchte sie ihn nicht mehr.

Das schien ihm auch zu dämmern. Er saß da wie ein begossener Pudel. „Willst du mich etwa verlassen, Paula? Das geht doch gar nicht!"

„Geht aber doch", erwiderte Paula. Sie lächelte mich an, als wäre ich ihre Komplizin.

„Und ich mach dir sogar noch ein großzügiges Abschiedsgeschenk, Orlando – den Ring."

Sie streifte ihn vom Finger und legte ihn auf den Glastisch. „Hier, du kannst ihn wiederhaben. Wobei ich mir denke, dass die Dame vom Gericht ihn mitnehmen wird."

Sie nahm ihn auf und drückte ihn mir in die Hand. Er funkelte wundervoll.

„Diamanten kann man nicht essen", meinte Paula, und ich hatte eine leise Ahnung, was sie damit sagen wollte.

Sie stand auf. „Ich packe jetzt meine Sachen. Und versuche ja nicht, mich aufzuhalten."

Es sah nicht so aus. Orlando Z. saß auf dem Ledersessel, die Hände vors Gesicht geschlagen. Seine Schultern zuckten. Es sah so aus, als ob er weinte.

„Ich stelle Ihnen eine Quittung für den Ring aus", sagte ich, doch er reagierte nicht.

„Legen Sie sie auf den Schreibtisch, bevor Sie gehen." Paula gab mir die Hand. „Er zerfließt gerade vor Selbstmitleid, das ist alles."

„Soll ich warten?"

„Nein, der tut mir nichts. Unter dem Machogehabe ist er ein rosa Kaninchen."

Paula schenkte mir ein letztes Lächeln, bevor sie aus dem Zimmer ging. Ich schrieb die Quittung für den Ring aus, dann ging ich mit einem Gruß, der nicht erwidert wurde, aus der Wohnung. Bevor ich die Tür zuschlug, hörte ich Schluchzen.

Aus der Presse erfuhr ich wenig später, dass Orlando behauptete, Paula verlassen zu haben. Sie widersprach nicht und zeigte sich an der Seite eines russischen Magnaten. Der Ex-Fußballer wurde mit einer Blondine abgelichtet, die an Paulas Schönheit nicht heranreichte. Doch sie sah sehr verliebt aus.

CHARADE – SPIEL FÜR ERWACHSENE

Der Auftrag schien Routine. Simon F. hatte in einer Musikalienhandlung einen Bechstein-Flügel und ein Cello gekauft und nicht bezahlt. Die Mahnungen blieben erfolglos. Der Besitzer der Musikalienhandlung erwirkte einen Titel. Der Bescheid über 26 320 Euro landete in meinem Büro.

Menschen, die sich für Musik interessieren und einen Bechstein haben, würden auch Manieren haben. Ich erwartete also keinerlei Überraschungen, als ich in einem der noblen Altbauten in der Münchner Tengstraße klingelte.

Es öffnete eine langbeinige Blondine mit üppiger Oberweite. Sie hielt ein gefülltes Champagnerglas in der Hand.

Ihr Blick wanderte über meine flachen Schuhe hoch zur Lederjacke.

Dann sah sie mir direkt in die Augen und sagte: „Sie haben wunderschöne braune Augen. Aber Sie sollten nicht diese flachen Latschen tragen."

Ich war so verblüfft, dass mir keine Antwort einfiel. Ich starrte diese Frau an und wusste nicht, ob ich über ihre Frechheit einfach hinweggehen sollte. Aber da lachte sie schon. Ein dunkles, kehliges Lachen. So dunkel, wie auch ihre Stimme war.

„Ich möchte zu Herrn Simon F.", sagte ich bemüht sachlich.

„Da haben Sie im Augenblick aber Pech!", meinte die Blondine. „Was wollen Sie denn von ihm?"

„Sind Sie seine Frau?"

„Na ja, mehr oder weniger. Wir sind quasi eine Person!"

Sie machte mich nervös.

„Ich wollte wissen, ob Sie verheiratet, also seine Frau sind!"

Die Blonde lachte wieder dieses kehlige Lachen.

„Ja doch", sagte sie. „Hat er denn etwas ausgefressen?"

„Ich habe hier einen Pfändungsbeschluss. Darf ich vielleicht hereinkommen?"

Sie rührte sich keinen Millimeter.

„Nur wenn Sie mit mir und meinen Freunden anstoßen. Ich habe nämlich heute Geburtstag!"

Ich versuchte es mit Ausreden. Es half nichts.

Blitzschnell hatte sie meinen rechten Arm erfasst und mich in den Flur gezogen.

„So", sagte sie dann. „Jetzt ziehen Sie Ihre Lederjacke erst mal aus, und dann machen wir es uns gemütlich!"

Anscheinend lebten in meinem Bezirk nur lauter Verrückte. Ich wollte weder Party machen mit dieser Juno noch auf ihren Mann warten. Ich wollte entweder das Geld kassieren oder mein Pfandsiegel auf das verdammte Klavier und auf das Cello kleben. Nicht mehr und nicht weniger.

Im Salon, was die Hausherrin wie Saloooo aussprach, saßen zwei Herren. Einen von ihnen kannte ich aus dem Fernsehen. Er kommentierte die großen Fußballspiele. Auf dem Couchtisch standen zwei geleerte Flaschen Champagner und eine halbvolle. Die drei hatten anscheinend schon kräftig gefeiert.

Die Blondine, die sich mir jetzt als Simone vorstellte, drückte mir ein Glas Champagner in die Hand.

„Nun stoßen wir alle auf meine Gesundheit an!"

Ich liebe Champagner, noch dazu einen so teuren, den ich wahrscheinlich nie wieder bekommen würde. Stell dich nicht so an, Katja, sagte ich zu mir. Es ist ein Gebot der Höflichkeit, auf das Wohl der Gastgeberin zu trinken.

Ach wie köstlich war dieser erste Schluck.

Simone erzählte, dass ich eigentlich ihren Mann sprechen wolle. Der aber nun mal nicht wirklich da sei.

Brüllendes Gelächter. Warum, dachte ich, amüsieren sich die drei über diesen harmlosen Wunsch so sehr.

„Wird er denn heute noch erscheinen?", fragte der Sportreporter und bog sich erneut vor Lachen.

„Bei ihm weiß man es nie!", antwortete Simone.

Ohne mich zu fragen, füllte sie mein Glas erneut. Klar, ich hätte ablehnen können, aber … Ich sah mich in dem Raum um. Zwei Ledercouchen in Schwarz über Eck, ein japanischer Lacktisch in Rot sowie gläserne Sideboards. Sehr teuer alles. Doch wo war der Bechstein?

Ich räusperte mich. „Wollten Sie mir nicht den Flügel und das Cello zeigen?", fragte ich bemüht höflich.

„Der Flügel", kicherte Simone. „Ja, vielleicht hat der Flügel ja Flügel bekommen. Aus irgendeinem Grund wird er schon so heißen!"

Wieder wieherndes Gelächter der beiden Besucher.

„Die Herren", konnte ich mir nicht verkneifen zu sagen. „Die Herren sind aber wirklich leicht zu unterhalten!"

Kurzes Stutzen der angetrunkenen Lachtauben. Dann erneutes Gelächter.

„Eine fröhliche Runde", konstatierte ich und an Simone gewandt: „Würden Sie mich jetzt bitte zu dem Flügel führen!"

Sie führte mich in ihr Schlafzimmer.

Da stand er, mitten im Raum. Schwarz lackiert und einfach wunderschön. Weniger schön war das, was darauf lag: schwarz-goldene Büstenhalter in XXL-Größe. Männerslips mit extra markiertem Genital. Spitzenstrumpfbänder und ein schwarzer Dildo.

Ein edler Bechstein-Flügel, der als Kleiderablage benutzt wurde.

Ich halte mich eigentlich nicht für spießig – doch irgendwie störte mich dieses Arrangement.

Vielleicht auch deshalb, weil so ein Flügel auf meiner Dinge-die-ich-nie-besitzen-werde-Wunschliste ganz oben stand. Als Kind hatte ich Klavierunterricht bekommen. Ich spielte ganz gut, aber ich war mir damals sicher: Hätte ich auf einem echten Flügel üben dürfen, wäre ich sehr viel weiter gekommen. Mit dem Klavierspiel und in meinem Leben.

Solche verrückten Ideen hat man manchmal. Meistens wird man nie wieder damit konfrontiert. Ich schloss kurz die Augen, schluckte und bemühte mich um einen neutralen Ton.

„Warum hat Ihr Mann sich denn diesen Flügel angeschafft? Spielt er Klavier?“ Simone schüttelte den Kopf.

„Ich kann etwas klimpern“, sagte sie. „Mein ‚Mann‘ interessiert sich nicht für Musik!“

Der Blitz soll sie erschlagen, dachte ich und kam zur Sache. „Also hat Ihr Mann das Teil für Sie angeschafft!“

„Mehr oder weniger!“

„Die Rechnung lautet aber auf Simon F. Ich lasse den Flügel abholen! Es sei denn, ihr Mann bezahlt ihn oder bietet eine Teilzahlung an. Es wäre besser, wenn ich das Ganze mit ihm persönlich besprechen könnte!“

„Haben Sie doch noch ein wenig Geduld. Er ist bestimmt bald hier“, gurrte Simone und berührte beschwichtigend meinen Arm. „Was halten Sie davon, noch ein winziges Gläschen mit uns zu trinken? Sie wissen doch: Wer einem Geburtstagskind einen Wunsch ausschlägt, bekommt ein schlechtes Karma!“

Mein Karma war mir in diesem Augenblick ziemlich schnuppe.

„Wo ist denn das ebenfalls nicht bezahlte Cello?“, wollte ich wissen.

„Das Cello? Ja, also das Cello – hat mein Mann, glaube ich, verschenkt!"

„Ohne es zu bezahlen", stellte ich fest.

„Anscheinend!", meinte Simone. „Er ist manchmal etwas zerstreut. Da kann es schon vorkommen, dass er Dinge verschenkt und einfach vergisst, dass sie noch nicht bezahlt sind!"

Die beiden Gäste im „Saloooo" wurden langsam unruhig.

„Mädels!", rief der Sportreporter. „Nun macht mal wieder euren Auftritt! Wir langweilen uns!"

„Wir kommen", flötete Simone und zog mich am Arm in den Wohnraum zurück.

„Noch ein Fläschchen und ihr beiden Hübschen seid uns los. Wo ist der Schampus, Süße?", fragte Mr Sport.

Jetzt weigerte ich mich strikt, an diesem Besäufnis teilzunehmen. Egal ob Geburtstag, Namenstag oder Trauerfeier, ich hatte die Schnauze gestrichen voll.

„Sind Sie sicher, dass das Cello nicht hier ist?", fragte ich Simone nochmals.

„Aber ja doch", antwortete sie.

„Und Ihr Mann? Kommt er noch oder nicht?"

Alle wieherten erneut. Mit diesem Mann schien es eine besondere Bewandtnis zu haben. Wahrscheinlich war er schon lange abgetaucht. Einfach, weil er weder seine Frau noch ihre Freunde ertragen konnte.

Ich ging, ohne erneut um Erlaubnis zu bitten, in das Schlafzimmer, holte mein Pfandsiegel heraus und verzierte den Bechstein damit. Und weil ich so sauer war, auch an einer exponierten Stelle.

Simone war mir gefolgt.

„Warten Sie nur einen Moment. Mein Mann ist sofort da. Wenn Sie bitte im ‚Saloo' warten möchten", sagte sie und schob mich dorthin.

Es dauerte keine fünf Minuten.

Simone erschien, abgeschminkt, ohne Perücke. Ihre beiden Besucher starrten mich feixend an. Sie sah mir in die Augen.

„Voila", sagte sie nach einer Pause und hob ihren weiten Seidenrock. „Voila!"

Unter dem Rock war sie nackt. Ihr Penis ebenfalls.

„Jetzt steht Simon M. vor Ihnen! Jetzt können Sie ihn fragen, ob er teil- oder ganz zahlen kann!" Simone lachte erneut ihr kehlige Lachen. „Ich bin ein Ladyboy. Verwendbar für alle möglichen Vergnügen. Diese schlaffen Promitypen sind ganz wild auf mich. Zu Hause kriegen sie keinen hoch. Aber bei mir wollen sie es besorgt bekommen! Ich kann ja so viele Varianten anbieten!"

Den Gästen war es inzwischen zu ungemütlich geworden. Kein Schampus, keine Gaudi, nur eine langweilige Gerichtsvollzieherin. Sie hatten sich französisch verabschiedet.

Ich habe dann meine Formulare aus der Tasche geholt, um Simon/Simone die eidesstattliche Versicherung abzunehmen. An Bargeld oder Ersparnissen gab es nichts zu holen. Wertpapiere, Grundbesitz oder Wohneigentum ebenfalls nichts. Die Möbel in der Wohnung gehörten dem Vermieter. Das Doppelwesen war finanziell ein wenig klamm, wie sie mir sagte.

„Falls Sie es sich doch noch anders überlegen", erklärte ich. „Sie haben vierzehn Tage Bedenkzeit. Erst dann wird die eidesstattliche Versicherung wirksam. Sie können dann noch die Rechnungen begleichen!"

Ich wollte die Bögen bereits wegstecken, als mir auffiel, dass ich bei den persönlichen Angaben die Frage nach dem Beruf vergessen hatte.

„Womit verdienen Sie eigentlich Ihr Geld? Ich meine, was soll ich in die Sparte Beruf eintragen?"

Simone zog die Schultern hoch und überlegte. Dann sagte sie: „Schreiben Sie einfach: Ladyboy! Das trifft es doch. Ich biete meine Dienste beiden Geschlechtern an. Ich bin Frau und Mann in einer Person. Eigentlich doch ganz praktisch. Finden Sie nicht?"

In dieser Nacht hatte ich wilde erotische Träume. Das Leben ist bunt. Selbst für eine Gerichtsvollzieherin.

DAS POKERFACE DER BARONIN

Es dauerte lange, bis die Wohnungstür geöffnet wurde. Denn Maria von P. konnte sich mit ihren Krücken nur sehr langsam bewegen. Sie wusste, wer ich war, ich hatte mich schriftlich angekündigt. Ihr Lächeln war ein wenig gezwungen, doch sie bat mich herein.

„Ich bewege mich nur noch im Schneckentempo, meine Knie wollen nicht mehr so recht", sagte sie und humpelte voraus in das kleine Wohnzimmer. Es war vollgestopft mit antiken Möbeln, Biedermeier und Jugendstil in gewagter Mischung. Die Baronin hatte bessere Zeiten gekannt.

Sie war 77 Jahre alt und seit Längerem Witwe, ihr Sohn lebte in Amerika. Maria von P. hatte eine kleine Rente, die für ein bescheidenes Leben gerade so reichen konnte. Doch aus mir noch unbekannten Gründen hatte sie einen Kredit aufgenommen, den sie seit Monaten nicht mehr bedienen konnte, weder die Zinsen noch die Tilgung. 30 000 Euro waren viel Geld, und ich fragte mich, warum die Bank so blöd gewesen war, der alten Dame so viel zu borgen.

Ich tippte auf ihren blaublütigen Charme. Darauf, dass sie den Sachbearbeiter der Bank mit ihren silbernen Haaren und dem majestätischen Auftreten so eingeschüchtert hatte, dass er nicht anders konnte, als ihren Wünschen zu entsprechen.

„Möchten Sie Tee? Oder ein Glas Sherry vielleicht?"

Es war vier Uhr nachmittags. Ich lehnte dankend ab und saß sehr gerade auf dem unbequemen Biedermeiersessel. Er knarzte, wenn ich mich bewegte.

„Sie wissen, weshalb ich hier bin, Baronin?"

Sie neigte ihr Haupt in Betrübnis. „Jaja, es ist mir wirklich sehr peinlich. Ich hoffe doch, dass Sie diskret vorgehen und die Nachbarn nichts erfahren. Das wäre mir sehr unangenehm."

„Ich tue mein Bestes, gnädige Frau. Darf ich Sie aber fragen, warum Sie den Kredit aufgenommen haben?"

Maria von P. errötete, und ich sah ihr an, dass sie am liebsten in den Erdboden versunken wäre. Eine Weile schwieg sie, dann meinte sie leise: „Sie dürfen mich nicht verurteilen, Kindchen: Ich hab's verzockt."

Das überraschte mich dann doch. „Im Spielcasino?"

Sie schüttelte den silbernen Kopf. „Aber nein. So weit komme ich gar nicht mit meinen maroden Knien. Obwohl, früher war ich schon ab und zu im Casino Baden-Baden. Als mein Mann, der Baron, noch lebte, und wir noch anständig Geld hatten. Aber Winfried, so hieß mein Mann, hatte kein glückliches Händchen mit Finanzen. Am Ende war alles weg – die Fabrik, die Villa, das Grundstück, einfach alles. Er starb an gebrochenem Herzen, mein armer Winfried, da war unser Sohn gottlob schon alt genug, um sich selbst zu ernähren. Er ist nach Amerika gegangen, wissen Sie. Ich höre nicht viel von ihm, aber ab und zu schickt er mir eine Mail und erzählt ein bisschen aus seinem bewegten Leben. Sehr amüsant. Enno ist Musiker, wissen Sie, und ziemlich homosexuell. Auf Enkel werde ich wohl nicht hoffen dürfen."

Sie sah traurig aus. Dann schüttelte sie den Kopf, stand auf und holte eine Flasche Sherry aus dem Barschrank. „Sie wollen wirklich nichts? Ich brauche jetzt eine kleine Stärkung, wobei Sie nicht denken sollten, dass ich eine Alkoholikerin bin. Ich bin nur eine Spielerin."

Ich dachte an ein paar andere Fälle, in denen Spielsucht zum finanziellen Ruin geführt hatte. Die Baronin war mit ihrem Laster ganz und gar nicht allein auf der Welt. Ich sah zu dem Computer auf ihrem Schreibtisch. „Internet-Glücksspiel?"

Sie trank einen zierlichen Schluck, setzte das Kristallglas auf den silbernen Untersetzer und warf einen bedauernden Blick auf ihren Computer.

„Es ist so verflixt einfach, wissen Sie. Man setzt sich an das Ding, macht Klick, und schon ist man am Roulettetisch oder am Pokertisch oder auch an den einarmigen Banditen, obwohl ich die doch ziemlich vulgär finde. Haben Sie schon mal gespielt, meine Liebe?"

Ich verneinte. Das „Schwarze-Peter-Spiel" mit meinen Nichten und Neffen zählte ja wohl nicht zum Glücksspiel.

Sie sah mich fast bedauernd an. „Wissen Sie, das Spielen, das Zocken, ist so aufregend, da fühle ich mich noch richtig lebendig. Früher habe ich mit meinen Freundinnen jeden zweiten Tag Bridge gespielt, um kleine Einsätze, aber immerhin. Doch dann ist Babette und kurz darauf Irene von uns gegangen, und wir haben keinen Ersatz für sie gefunden. Sie lebten übrigens in einer lesbischen Beziehung, die beiden. Es waren reizende Geschöpfe, aber mit knapp 90 hatten sie irgendwie keine Lust mehr aufs Leben. Alt werden ist nichts für Feiglinge, diesen Spruch kann ich nur unterstreichen. Alt und hinfällig und dann auch noch arm – das ist eine degoutante Mischung."

Ich wappnete mich innerlich gegen Mitgefühl. Sie sah aus wie ein uraltes Küken, das aus dem Nest gefallen war.

„Sie haben ein kleines Vermögen verspielt, Baronin."

Sie nahm noch einen Schluck. „Na ja, früher habe ich so viel Geld in einem Monat ausgegeben. Aber was bleibt einer Alten wie mir denn noch? Ich meine: Sex ist perdu; das Rauchen habe ich aufgegeben; Alkohol trinke ich in Maßen, und sehr viel Essen mag ich auch nicht mehr. Also könnte ich lesen oder fernsehen. Langweilig. Aber dann gehe ich ins Netz und steige ein in die Welt der Online-Casinos. Eine Glitzerwelt, die man sich nach Hause holt. Beim ersten Mal geben sie dir eine Bonuszahlung, leider habe ich sie schon alle durch. Und in den letzten Wochen hat mich einfach das Glück verlassen. Ob Poker oder Roulette – es lief immer nur gegen mich. Und Sie wissen ja, wie Spieler sind: Immer dachte ich, dass ich das Glück noch wenden kann. Bis alles weg war."

„Alles? Die ganzen 30 000?"

Die Baronin senkte ihr Haupt. „Alles – und mehr: Außerdem habe ich noch meine Perlenkette versetzt."

Sie deutete auf ihren schmucklosen Hals. „Ich hab nur noch eine Goldkette übrig, der Rest ist im Pfandhaus. Der Nerz und der Zobel sind auch schon dort. Brauche ich ohnehin nicht, ich gehe ja kaum noch aus dem Haus."

Das konnte auch gelogen sein, doch ich glaubte ihr. Außerdem gab es noch genügend wertvolle Möbel, um ihre Bankschulden zu decken. Ich deutete auf den Biedermeiersekretär: „Haben Sie eine Ahnung, was er wert sein könnte?"

Maria von P. sah mit leisem Lächeln auf ihren Schreibtisch. „10 000 vielleicht? Es ist ein barocker Tabernakelsekretär, Nussbaum, Mitte 18. Jahrhundert. Mein Mann war der Biedermeier-Fan in der Familie. Ich fühlte mich immer schon mehr zu Jugendstil hingezogen. Meine Möbel stehen im Schlafzimmer."

10 000 waren nicht genug. Ich zeigte auf den massiven Eichenschrank, der ohnehin viel zu groß für das kleine Zimmer war. „Und dieser hier?"

„Schweizer Barock, 18. Jahrhundert, ich schätze ihn mal auf 5 000. Ist er nicht ganz und gar abscheulich? Den können Sie auch gerne haben."

Ich konnte ein Lächeln nicht unterdrücken. „Gibt es sonst noch etwas, das Sie gerne loswerden würden, gnädige Frau?"

Maria von P. stand mühsam auf, stützte sich auf eine Krücke und humpelte zum Schweizer Barockschrank. Sie öffnete ihn und deutete mit einladender Geste auf den Inhalt: „Voilà, die Meissner Porzellankollektion. Zwar nur mit dem Blumendekor, aber dreißigteilig, die ist schon einiges wert. Und die

Schlangenhenkelvase mit Edelweißblüten liegt allein bei 3 000. Wenn Sie also den Schrank mit Inhalt pfänden, müsste die Bank ihren Obolus kriegen, oder etwa nicht?"

Wir bewegten uns im Bereich von Schätzungen, doch ich dachte, dass sie vermutlich recht hatte. „Wir können es ja einmal auf dieser Basis versuchen, Frau von P. Schrank mit Inhalt. Erlauben Sie mir, dass ich alles untersuche, zähle und notiere?"

„Aber gewiss, meine Liebe. Nehmen Sie sich Zeit. Und wenn Sie meinen, dass es nicht reicht, nehmen Sie den Sekretär dazu. Ich kann meinen Laptop auch auf den Esstisch stellen." An diesem Punkt sah sie bestürzt aus. „Sie nehmen mir doch nicht etwa mein Spielzeug weg?" „Da kann ich Sie beruhigen, Computer dürfen wir in der Regel nicht pfänden. Obwohl es in Ihrem Fall ja kein Arbeitsgerät ist."

Ich würde ihr einen Gefallen damit tun, dachte ich. Sie könnte nicht mehr online spielen und Geld verlieren. Andererseits: Wenn das alles war, das sie noch glücklich machte?

„Da bin ich aber froh", sagte Frau von P. Sie saß an ihrem Computer, während ich den Inhalt des Schranks untersuchte und jede Tasse und jeden Teller sorgfältig notierte. Es war wunderbares Geschirr, aber sie schien nicht wirklich daran zu hängen. Die Pfändungsliste, die ich ausfüllte, war sehr lang.

„Meinen Sie, der reizende Bankbeamte gibt mir noch einmal einen Kredit?", fragte sie mich, als ich fertig war.

„Ich glaube nicht, Frau von P., Banken sind sehr nachtragend."

Sie schenkte sich noch einen winzigen Schluck Sherry nach. „Wollen Sie wirklich nichts? Nein? Wer Sorgen hat, hat auch Likör, sage ich immer, doch dem Alkohol könnte ich wirklich nicht verfallen. Die Spielerei, das ist was anderes. Es ist meine Alterskrankheit – so wie die Arthrose und die kaputten Knie und mein Gehör, das immer mehr nachlässt. Wenn ich in einem virtuellen Casino bin, vergesse ich sogar den Schmerz."

„Aber schmerzt es nicht auch, viel Geld zu verlieren?"

Sie dachte ein paar Sekunden über meine Frage nach.

Ich dachte, dass sie einmal eine schöne Frau gewesen sein musste. Auf dem Sekretär standen Fotos, die sie mit einem verwegen aussehenden Mann zeigten. Ich schätzte, dass dies der verstorbene Baron war. Ein Bild zeigte einen jungen Mann vor der Golden-Gate-Bridge, das konnte Enno sein, der Sohn, der weit weg war.

„Na, irgendwie schon. Andererseits ist Geld so banal. Ich meine, man braucht es, aber im Namen des Geldes wird so viel Schreckliches angestellt. Ich mag es eigentlich gar nicht. Aber ich mag es zu gewinnen. Das macht mich glücklich. Für ein paar Minuten jedenfalls. Bis zum nächsten Spiel."

Ich fragte mich, was sie anstellen würde, wenn alles verkauft war. Mit dem Spielen aufhören? „Wussten Sie, dass es in München einen Bridge-Club gibt, Baronin? Eine Cousine von mir spielt da mit. Lauter reizende ältere Damen, auch ein paar Herren sind darunter. Und die Einsätze sind sehr moderat, eher symbolisch."

Sie sah interessiert aus. „Nein, das wusste ich nicht, Kindchen. Könnten Sie mir die Adresse mal mailen? Das Gehen tut zwar weh, aber für Bridge würde ich das in Kauf nehmen. Gibt es vielleicht auch eine Pokerrunde hier in der Nähe?" Ich musste lachen. „Ich weiß nicht, aber ich kann mich erkundigen. Vermutlich werden da aber keine reizenden älteren Damen mitspielen."

Maria von P. zwinkerte mir zu. „Ich habe nichts gegen Männer. Solange sie mir nicht in die Karten schauen. Nehmen Sie den Sekretär jetzt auch mit oder nicht?"

„Wir versuchen es mal so", sagte ich und klebte die Marke sehr dezent auf die Schrankrückseite. „Ich habe als Einzelstück nur die Vase beklebt, beim Geschirr gehe ich davon aus, dass Sie es unberührt lassen, bis die Sachen abgeholt werden. Sie werden rechtzeitig informiert, Baronin."

„Es ist wirklich kein Verlust", sagte sie. Dieses Riesentrum von Schrank hat ohnehin nie in das kleine Zimmer gepasst. Und das Geschirr habe ich ohnehin nicht mehr benutzt. Ich gebe keine rauschenden Feste mehr, wissen Sie."

Es war drei Wochen vor Weihnachten. „Kommt Ihr Sohn Sie denn besuchen?", fragte ich, während ich meine Papiere in der Aktentasche verstaute.

„Enno, der hat so furchtbar viel zu tun, dass er es nie schafft, nach München zu kommen. Und umgekehrt wäre mir eine Amerikareise zu mühsam. Außer ein, zwei Freundinnen, die noch leben, habe ich niemanden mehr. Stellen Sie sich vor, wie einsam ich wäre, wenn ich nicht meine Casinos hätte."

Sie sagte das mit einem Lächeln, doch es sah traurig aus.

Ich stand auf, und sie begleitete mich bis zur Tür. „Falls Sie wiederkommen", sagte sie, „habe ich noch ein paar Schätzchen für Sie. Altes Silberbesteck zum Beispiel und einen kleinen Dürer. Eigentlich wollte ich den Enno schenken, aber wenn mein Sohn nicht kommt, wird auch das verscherbelt. Nur falls meine Pechsträhne anhält natürlich."

„Was soll ich Ihnen wünschen, Baronin? Glück im Spiel?"

„Ja, warum nicht? Und mailen Sie mir diesen Bridge-Club und den Poker-Club auch. Ein bisschen Ausgang wird mir nicht schaden."

Maria von P. schenkte mir ein letztes Lächeln, bevor sie die Türe schloss. Ich hätte mit mir wetten mögen, dass sie jetzt zu ihrem Computer ging, um sich in die Welt der Spielcasinos zu beamen. Ich lauschte dem Klackern der Krücken und zählte die Schritte. Gewonnen. Sie saß jetzt an ihrem Tabernakelsekretär und durch die Tür hörte ich das Bling-Bling des Computers.

Viel Glück, Marie, dachte ich, bevor ich in den Lift stieg.

EIN GESCHENK DER GÖTTER

Diese Kundin raubte mir langsam, aber sicher den letzten Nerv. Dabei standen wir noch am Anfang unserer „Beziehung".

Larissa von G., ehemals ein gefragtes Model, betrieb nach der Blüte ihrer Jahre eine Partnerschaftsagentur. In Anzeigen im Internet warb sie mit dem Slogan „Warten Sie nicht auf Amors Pfeile – rufen Sie lieber gleich beim Profi an!"

Die Beziehungsfachfrau musste sich über zwei Jahre einem wahren Kaufrausch hingegeben haben. Bei drei unterschiedlichen Kreditkarten-Gesellschaften hatte sich eine Summe von 84 370 Euro angesammelt.

Als alle Mahnungen nichts fruchteten, landete die Sache auf meinem Schreibtisch.

Ihre Agentur befand sich in einem noblen Altbau. Neben den Schildern einer Anwaltskanzlei und einer Immobilienfirma prangte ihr Schild. Es war aus blank poliertem Messing. Larissa von G. Agentur stand darauf. Es wirkte seriös, fand ich.

Auf mein Klingeln keine Reaktion. Dass meine Kunden mir nicht gern öffnen, bin ich gewöhnt. Ich läutete bei der Anwaltskanzlei, bedankte mich fürs Öffnen der Haustür und nahm den Fahrstuhl in den dritten Stock. Auch hier klingelte ich vergeblich. Einen Hund schien ich aufgestört zu haben. Er klang nicht gerade vertrauenerweckend.

Drei Tage später das gleiche Prozedere. Wieder war nur der mürrische Vierbeiner zu hören.

Ich steckte einen Zettel mit der Bitte mich anzurufen in ihren Briefkasten. Nichts geschah. Auch das war nicht wirklich unüblich. Die größten Stärken meiner Schäfchen waren Verdrängung und Verweigerung. Das Kopf-in-den-Sand-stecken-Spiel kannte ich zur Genüge.

Es war ein nasskalter Wintertag, als ich zum dritten Mal vor dieser Tür stand. Diesmal war selbst der Hund nicht zu Hause. Ich fror, hatte nasse Füße und eine Mordswut.

Ich klingelte in der Anwaltskanzlei und fragte, ob die Dame vielleicht verreist sein könne. Die Sekretärin am Empfang musterte mich, als ob ich sie um etwas Unzüchtiges gebeten hätte.

„Keine Ahnung", sagte sie dann ziemlich schnippisch. „Die ist öfter nicht da!"

„Haben Sie vielleicht eine Privatadresse von Frau von G.?", fragte ich.

„Selbst wenn, dürfte ich sie Ihnen nicht geben!", meinte sie mit einem ziemlich herablassenden Unterton in der Stimme und fügte dann noch mit einem Grinsen hinzu: „Dass ihr die Kunden derart die Tür einrennen, ist ja eher selten!"

Ich war kurz versucht, dieses arrogante Nichts in Stücke zu zerreißen, verließ dann aber schnellstens die Kanzlei.

Wieder hinterließ ich im Briefkasten der Unsichtbaren einen dringlichen Appell, mich anzurufen.

Natürlich hätte ich mit einem Schlosser die Tür aufbrechen lassen können. Aber zu solchen Mitteln griff ich wirklich nur im äußersten Notfall. Eine Chance hatte Madame noch.

Sie rief tatsächlich am übernächsten Tag an. Es war kurz vor Büroschluss.

„Ich bin Larissa von G.", sagte sie mit einem Ton, in dem man lästige Vertreter abfertigt. „Sie wollten, dass ich Sie anrufe. Worum geht es denn?"

Ich schluckte erst einmal meinen aufkommenden Ärger hinunter. „Das sollte doch aus meiner Benachrichtigung hervorgehen!"

Stille am anderen Ende. Dann sagte ich: „Ich bin Gerichtsvollzieherin. Sie haben diverse Rechnungen nicht bezahlt, Mahnbescheide ignoriert, kurz, ich muss Sie, wenn Sie nicht zahlen können, pfänden!"

„Aha!"

Wieder eine Pause.

„Sind Sie morgen Vormittag zwischen 8 Uhr 30 und 9 Uhr in Ihrer Agentur?", fragte ich.

„Meine Bürozeiten sind von 11 Uhr bis 16 Uhr! Außerdem wollte ich morgen verreisen!"

„Das würde ich an Ihrer Stelle verschieben. Dies ist der einzige Termin, den ich Ihnen noch geben kann. Ansonsten würde ich das an die jeweiligen Gläubiger zurückgeben. Das verursacht neue Kosten!"

Larissa von G. schien noch immer nicht den Ernst der Situation begriffen zu haben.

Sie begann, mit mir um die Uhrzeit meines Besuches zu feilschen.

„Es ist mir unmöglich, so früh in der Agentur zu sein", jammerte sie. „Ich muss schließlich frühstücken dürfen und auch noch meinen Hund ausführen! Außerdem kann ich mich um diese Uhrzeit noch keinem Menschen zeigen!"

„Wie Sie aussehen, ist mir egal! Ich erwarte, Sie um 8 Uhr 30 in Ihrer Agentur anzutreffen. Guten Abend!"

Ich hatte diese Zickerei so dick – am liebsten hätte ich ihre Akte gleich retourniert.

Am nächsten Morgen war sie tatsächlich in ihrer Firma. Schadenfroh bemerkte ich, dass sie wirklich ziemlich ramponiert aussah. Aus den strahlenden Modeljahren hatte sie nur ihre schlanke Figur gerettet.

Die beiden großen Altbauzimmer waren mehr als sparsam möbliert: ein Schreibtisch, zwei Sessel, eine Hängeregistratur, ein großer Fernseher und ein paar kümmerliche Zimmerpflanzen. Mehr an Mobiliar gab es nicht. An den Wänden hingen gerahmte Titelblätter, auf denen Larissa von G. abgebildet war. Die Cover müssen einige Jahre alt gewesen sein. Die Frau darauf war sehr schön und erinnerte nur noch vage an die Person, der ich gegenüberstand.

Larissa hatte meinen Blick gesehen.

„Ja", sagte sie, und ihre Stimme klang bitter. „Ich war einmal ein gefragtes Model. Die Fotografen rissen sich um mich. Es gab Zeiten, da konnte ich jede Summe verlangen. Ein Leben voller First-Class-Flüge, Fünf-Sterne-Hotels und Jahrgangs-Champagner. Aber schöne Frauen haben eben ein unabänderliches Verfallsdatum …"

Plötzlich war es mir peinlich, dass ich diese Titelbilder so ausgiebig betrachtet hatte.

Ich öffnete die Tür zum Nebenzimmer. Dort lag eine Filmkamera auf einem Hocker. Ein Stativ lehnte an der Wand. „Wir machen kleine Filme mit unseren Kunden, die wir dann Interessenten vorführen", erklärte Frau von G. Ich sah mir die Kamera näher an. Leider auch ein ziemlich altes Modell. Filmaufnahmen schienen damit schon längere Zeit nicht gemacht worden zu sein. Denn in der Mitte des Zimmers stand eine Tischtennisplatte, die sicher nicht als Dekoration gedacht war. In der kleinen Küche ein paar Schränke, eine Kaffeemaschine und etwas Geschirr. Kurz: Es war nichts zu holen.

Larissa tigerte durch die Räume und beobachtete mich misstrauisch. Der Hund, ein großer schwarzer Geselle, der wie ein Husky aussah, lag in Hab-Acht-Stellung unter dem Schreibtisch. Ich zog meine Liste heraus und begann mit der Befragung.

„Ich brauche alle Ihre Bankverbindungen. Haben Sie Sparbücher, Aktien oder Ähnliches?"

Larissa ließ sich in den Drehstuhl hinter ihrem Schreibtisch fallen: „Bei meiner Bank bin ich im fetten Minus", sagte sie. „Sparbücher, Aktien oder Ähnliches besitze ich nicht!"

„Vielleicht eine Eigentumswohnung?"

Sie zündete sich einen dieser affig langen Zigarillos an.

„Nein – gar nichts!" Sie deutete auf das leere Zimmer. „Hier standen mal wunderbare Antiquitäten! Alles verkauft. Das Geschäft läuft im Moment einfach nicht! Das Internet mit seinen windigen Portalen hat alles kaputtgemacht! Seit einiger Zeit bin ich auch im Internet präsent. Aber die Konkurrenz ist riesig. All diese kleinen Pinscher, die das Blaue vom Himmel versprechen und nichts, aber auch rein gar nichts halten können. Ich kann zumindest mit meinem Foto werben. Viele Menschen erinnern sich noch an mich!"

Ich unterbrach sie: „Haben Sie ein Auto?"

Larissa nickte. „Einen zehn Jahre alten Golf. Dafür würde ich gerade mal den Schrottpreis bekommen!"

Der Hund robbte sich langsam in meine Richtung. Er sah nicht aus, als würde er mir gleich an die Kehle gehen.

„Wie haben Sie sich denn vorgestellt, wie Sie Ihre Schulden bezahlen?"

Sie betrachtete lange ihre manikürten Nägel. „Ich weiß es nicht. Geld war mir eigentlich immer egal. Ich hatte es und wenn nicht, habe ich es mir beschafft!"

„Und – könnten Sie es sich jetzt nicht auch wieder beschaffen?"

Sie sah mich mit großen Augen an. „Wenn ich dazu in der Lage wäre, säßen Sie jetzt nicht hier", meinte sie schließlich.

„Wir könnten eine Ratenvereinbarung treffen. Es handelt sich ja um eine wirklich große Summe", schlug ich vor.

„Eine große Summe? Wie viel ist es denn eigentlich inzwischen?"

Ich zog ein paar Papiere aus meiner Tasche.

„Exakt sind es 84 370 Euro."

„Vierundachtzigtausend…" Larissa begann hysterisch zu lachen. Sie wiederholte die Summe immer wieder und lachte immer schriller. „Ich fass es nicht", prustete sie. „Ich habe keine Ahnung, wie dieser Betrag zustande kommt. Gut, ich habe ein paar Freunden Geld geliehen, aber doch nicht so viel."

„Haben Sie sich Schuldscheine geben lassen?", fragte ich. „Das würde Ihnen helfen!"

„Schuldscheine?", fragte Larissa irritiert. „Aber von Freunden verlangt man doch keine Schuldscheine! Verlangen Sie von Ihren Freunden Schuldscheine?"

Ich schüttelte den Kopf. „Ich hab kaum was zu verleihen!"

Ich merkte, dass wir uns im Kreis drehten.

„Frau von G., ich müsste dann noch Ihre Privatwohnung sehen. Können wir das vielleicht gleich im Anschluss machen?"

Sie versuchte es erneut mit Ausflüchten. „Okay", sagte sie schließlich. „Es ist nicht sehr weit. Wir können zu Fuß gehen. Dann hat Lord gleich etwas Auslauf!"

Lord erhob sich, als er seinen Namen hörte, und schüttelte sich.

Wie kann sie so ein großes Tier ernähren, wenn sie keine Kohle hat? dachte ich, als wir auf der Straße standen.

Ihre Privatwohnung war ähnlich leer wie das Büro. Zwei Zimmer, mit einer kleinen Terrasse und einer Küche. An drei langen Kleiderstangen hingen nach Farben geordnet unzählige Jacken, Hosen, Röcke, einige Abendroben und Mäntel.

Ich sah mich um. Nichts, was man verkaufen könnte. Die Kleider waren nicht wirklich die neueste Mode. Ansonsten Tisch, Bett, Stühle, ein paar abgeschabte Sessel. Der Fernseher alt, der Laptop auch nicht das neueste Modell. Im Grunde hatten ihre Gläubiger keine Chance, in einer überschaubaren Zeit an ihr Geld zu kommen.

„In ihrem Fall schlage ich eine eidesstattliche Versicherung vor. Dann haben Sie erst einmal etwas Ruhe!"

„Ist das so was wie der Offenbarungseid?", fragte Larissa entgeistert.

„Im Grunde ja, es heißt jetzt nur anders. Und Sie können es hier jetzt bei mir gleich unterschreiben."

„Aber das geht doch nicht. Ich komme doch wieder auf die Beine. Ich bin doch keine Pennerin!" Sie war leichenblass und lief erregt auf und ab.

„Haben Sie denn nicht irgendwo Schmuck, denn ich einsetzen könnte?"

Sie schüttelte den Kopf.

„Das Kostbarste, was ich habe, ist mein Hund", sagte sie. „Aber den dürfen Sie mir ja nicht nehmen!"

„So schön Ihr Hund ist, genügend Geld, um Ihre Schulden zu bezahlen, würde er kaum bringen!", sagte ich tröstend.

„Da täuschen Sie sich aber gewaltig! Lord ist eine Tibetdogge. Einer der teuersten Hunde der Welt. Mein Exmann hat ihn mir, quasi als Abfindung, nach unserer Scheidung geschenkt. In Tibet sagt man, diese Hunde seien ein Geschenk der Götter an besondere Menschen. Sie wachen darüber, dass sie das Glück nicht verlässt!"

Sie redete und redete, erklärte, was in China für ein Tier wie Lord bezahlt würde. „Eine Million US-Dollar hat ein verrückter Chinese letztes Jahr für einen Tibetdoggewelpen bezahlt." Sie kniete sich neben ihren Hund und streichelte ihn. „Er ist mein bester Freund. Ohne ihn zu leben, kann ich mir nicht vorstellen. Wenn man ihn mir wegnähme …"

Plötzlich füllten sich ihre Augen mit Tränen. Sie drückte ihr Gesicht in das dicke dunkle Fell. Jetzt war nichts mehr übrig von der arroganten, oberflächlichen Zicke.

Mir wurde ganz übel. Ich wusste nicht genau, was ich tun sollte. Wenn Larissa von G. die Wahrheit sagte und Lord wirklich eine reinrassige Tibetdogge war, dann würde ich ihn pfänden müssen.

Ich musste nachdenken, deshalb schlug ich vor: „Frau von G., überlegen Sie doch noch einmal, ob Sie nicht irgendwie eine Ratenzahlung vereinbaren können. Ich würde dann übermorgen nochmals bei Ihnen vorbeischauen, und wir machen dann die eidesstattliche Versicherung!"

Ich fuhr nach Hause, klappte meinen Laptop auf und googelte „Tibetdogge". Es gab kaum Zweifel, die abgebildeten Hunde sahen wie Geschwister von Lord aus. Die Story mit dem chinesischen Milliardär, der eine Million für einen Tibetdoggewelpen hingeblättert hatte, stimmte auch. Das billigste Angebot für einen Abkömmling dieser Rasse lag im Netz bei 100 000 Euro.

Ich besuchte Larissa von G. nochmals, um mit ihr die eidesstattliche Versicherung durchzugehen. Für Lord hatte ich einen saftigen Kalbsknochen mitgebracht. Ich hatte beschlossen, den teuersten Hund der Welt für einen ordinären Straßenköter zu halten. Und genau wie ein solcher machte er sich über mein Mitbringsel her.

ZWEI TICKETS NACH MIAMI

Keine Rückmeldung des Ehepaars Dr. Erich und Lydia Mager. Zweimal hatte ich vergeblich an ihrer Villa am Englischen Garten geklingelt. Auch auf meine schriftlichen Aufforderungen erhielt ich keine Antwort. Ein Autohaus verlangte sechs Monate ausstehende Leasingraten für einen Range Rover und einen Porsche. Außerdem hatte ein Zahnarzt das Gebiss von Lydia Mager aufs Feinste renoviert. Offen stand eine Rechnung von über 25 000 Euro.

Nachdem aller guten Dinge ja bekanntlich drei sind, fuhr ich ein weiteres Mal zur Villa der Magers. Das Autohaus hatte die Faxen dicke und verlangte von ihrem säumigen Zahler die eidesstattliche Versicherung. Sollte Dr. Mager dazu nicht bereit sein, lag meinen Unterlagen ein Haftbefehl bei. Solche Aufträge gehörten zu den unangenehmsten meines Jobs. Ich wappnete mich schon innerlich. Glatt liefen diese Maßnahmen nie.

Auf mein Klingeln öffnete niemand. Im Garten des Nebenhauses bemerkte ich eine Dame, die ihre Rosen schnitt.

Ich bewunderte ihre Blumen, was immer eine gute Gesprächsbasis ist. Dann fragte ich: „Können Sie mir sagen, wann ich Herrn Dr. Mager oder seine Frau antreffe?"

Die Dame kam an den Zaun. „Da werden Sie wenig Glück haben", sagte sie. „Die Magers sind vor drei Tagen ausgezogen. Soweit ich weiß, werden sie Deutschland verlassen. Die Möbel wurden wohl schon vor einiger Zeit verschifft!." Als sie mein ratloses Gesicht sah, fügte sie noch hinzu: „Ich glaube aber, dass sich Herr und Frau Mager noch bei ihrem Sohn aufhalten. Zumindest wollten beide erst kommenden Samstag fliegen!"

Mit der Bemerkung, „Na, ich hoffe, zumindest in eine angenehme Gegend", versuchte ich ihr noch weitere Informationen zu entlocken.

„Wem Miami gefällt", meinte die Nachbarin etwas herablassend. „Meine Sache wäre es nicht!"

„Die Adresse des Sohnes kennen Sie nicht zufällig?"

Sie schüttelte den Kopf.

„Ich weiß nur, dass er Augenarzt ist und wohl auch in Schwabing wohnt." Dann wünschte sie mir noch „Viel Glück bei der Suche" und wandte sich wieder ihren Rosen zu.

Wollte ich meine beiden Kunden noch auf deutschem Boden erwischen, musste ich blitzschnell die Anschrift des Sohnes herausfinden. Das gelang mir noch am selben Abend. Ich fuhr in die Agnesstraße und hoffte, dass Sohn sowie Eltern anwesend sein würden.

Vergeblich! Diesmal hinterließ ich allerdings keinerlei Nachricht. Denn ganz offensichtlich wollte Familie Mager ohne Begleichung ihrer Rechnungen verschwinden.

Am nächsten Morgen öffnete ein etwa fünfunddreißigjähriger Mann im Joggingdress die Wohnungstür.

„Herr Mager?", fragte ich.

Als er nickte, zeigte ich ihm meinen Dienstausweis.

„Ich hörte, dass Ihre Eltern zurzeit bei Ihnen wohnen."

„So ist es. Im Augenblick sind sie allerdings nicht anwesend. Kommen Sie doch am Nachmittag wieder!"

Natürlich durchschaute ich dieses Manöver.

„Gibt es eine Mobilnummer, unter der ich Ihre Eltern erreichen kann?"

Der Filius schien zu überlegen. Dann sagte er: „Schon, aber die hat sich geändert, und die neue Nummer habe ich in meiner

Praxis. Wenn Sie vielleicht dort … Bitte entschuldigen Sie mich jetzt. Ich will mein Morgentraining machen!"

Er lächelte freundlich und spurtete an mir vorbei in Richtung Englischer Garten. Er ließ mich mit einem, wie mir schien, schadenfrohen Grinsen einfach stehen.

In Gedanken schickte ich ihm meine besten Wünsche nach.

Um ganz sicherzugehen, rief ich eine Stunde später in seiner Praxis an.

„Der Herr Doktor ist erst am Nachmittag wieder da", sagte seine Sprechstundenhilfe.

Wo ich ihn denn erreichen könne, es sei dringend, fragte ich.

„Das ist schwierig. Soweit ich weiß, verabschiedet er seine Familie am Flughafen. Er wollte gegen 16 Uhr wieder hier sein!"

Freundliches Kind, dachte ich und wusste, was zu tun war.

Am Nachmittag um 14.30 Uhr startete eine Maschine nach Miami. Mir blieb wenig Zeit. Ich bat meinen Gehilfen, die Flughafenpolizei zu alarmieren. Ich wollte keine allzu großen Schwierigkeiten haben. Für den Fall, dass Dr. Mager das Geld nicht hatte und sich weigerte, die eidesstattliche Versicherung abzugeben, würde ich ihn verhaften lassen müssen.

Als ich völlig abgehetzt am Terminal ankam, war die Maschine nach Miami schon abgefertigt.

Zwei Polizisten standen mit einem älteren Herrn und dem jungen Mager am Gate. Ich wies mich aus und fragte nach Frau Mager.

„Die Dame sitzt schon in der Maschine, die gerade startet", sagte der eine Polizist.

Dr. Mager senior war dunkelrot vor Zorn.

„Was soll dieses Theater? Ich habe meinen Flug verpasst. Sie werden dafür haften müssen!", brüllte er mich an.

Vergeblich versuchte ich, ihn zu beruhigen. Ich zog meinen Pfändungsbescheid heraus.

„Ich bin verpflichtet, Ihnen die eidesstattliche Versicherung abzunehmen!"

Mein Kunde schnappte nach Luft.

„Was bilden Sie sich ein, Sie unverschämte Person! So kann man nicht mit mir umgehen!", brüllte er. „Meine arme Frau sitzt jetzt allein in der Maschine nach Miami!"

„Herr Dr. Mager, Sie hatten alle Zeit der Welt, die offenen Rechnungen zu begleichen! Können Sie die Summe von 19 450 Euro bezahlen?", fragte ich.

Als Dr. Mager den Kopf schüttelte, bat ich die Polizisten, uns in einen leeren Raum zu führen.

„Herr Dr. Mager, sind Sie bereit, die eidesstattliche Versicherung abzugeben?"

„Ich denke nicht daran!" Mager stellte sich stur.

„Dann bin ich berechtigt, Sie hier am Flughafen in eine Arrestzelle zu verbringen!"

Sein Sohn drehte jetzt ebenfalls durch.

„Wie behandeln Sie eigentlich meinen Vater? Er ist doch kein Schwerverbrecher!", schrie er.

„Ich denke, dass ich ihn den Umständen entsprechend höflich behandle", erwiderte ich kühl. „Ihr Gebrüll macht alles nur noch schlimmer."

Dr. Mager war reichlich blass geworden.

„Ich verstehe nicht", sagte er. „Dass die Leasingraten nicht bezahlt wurden, ist ein bedauerliches Versehen", versuchte er zu erklären. „In der Hektik unserer Abreise muss ich das total verdrängt haben. Ich werde es sogleich veranlassen!"

„Sie wurden in den letzten Monaten mehrmals von der Leasingfirma gemahnt. Außerdem wurde Ihnen ein Mahnbescheid zugestellt. Aus diesem Grund muss ich auf die vollständige Bezahlung bestehen. In Anbetracht Ihrer Reisepläne besteht Fluchtverdacht!"

Mager Junior mischte sich jetzt ein.

„Meine Mutter wird einen Schock bekommen, wenn sie realisiert, was geschehen ist. Können Sie das eigentlich verantworten? Mutter ist herzkrank."

Einer der Polizisten schlug vor, dem Piloten eine Nachricht zukommen zu lassen. Ich war einverstanden.

„Richten Sie doch meiner Frau aus, dass ich mit der nächsten Maschine nachkomme", bat Dr. Mager.

„Da würde ich mich nicht festlegen", mischte ich mich ein. „Es hängt ganz davon ab, ob und wann Sie sich bereit erklären, die eidesstattliche Versicherung zu unterschreiben!"

Dr. Mager begann erneut zu pöbeln: „Einen anständigen Bürger derart zu schikanieren! Typisch deutsche Beamtenwillkür. Ich weiß schon, warum ich dieses Land verlasse!"

„Ein Polizeistaat ist das hier!", keifte sein Sohn. „Wahrscheinlich werden wir auch noch überwacht. Und alles nur, weil ein paar lächerliche Rechnungen aus Versehen nicht rechtzeitig bezahlt wurden!"

Natürlich hätte ich beiden Magers erklären können, dass ich dieses ganze Manöver durchschaut hatte. Dass hier kein Versehen vorlag, sondern eine hundsgewöhnliche Flucht. Dass der Vater leider Pech gehabt hatte, weil ich ihn noch erwischt hatte ...

Die Mutter mit ihrem 25 000-Euro-Gebiss war mir sowieso schon – wahrscheinlich auch „aus Versehen" – entkommen. Aber ich wollte die Situation so schnell wie möglich beenden.

„Also, was machen wir?", fragte ich, langsam mürrisch werdend.

Der Sohn stellte die erste vernünftige Frage: „Wenn ich das Geld auftreibe, kann dann mein Vater fliegen?"

„Ich müsste mit dem Gläubiger sprechen. Aber ich denke, er wird nichts dagegen haben."

„Wäre es in Ordnung, wenn ich Ihnen einen Scheck gäbe?", wollte der Sohn wissen.

Ich schüttelte den Kopf. „Nein, das geht leider nicht!"

Inzwischen war es 16 Uhr. Selbst wenn der Mager-Spross das Geld hätte – bis wir in der Stadt wären, hätten die Banken geschlossen. Eine Übernachtung in einer der Arrestzellen am Flughafen war seinem Vater auf jeden Fall sicher.

„Herr Dr. Mager", versuchte ich meinen Kunden umzustimmen, „legen Sie diese eidesstattliche Versicherung ab, und die Angelegenheit ist gegessen!"

Der Sturkopf wollte nicht. „Nie im Leben", sagte er. „Da geh ich lieber in den Knast!"

„Gut", sagte ich und steckte meine Unterlagen wieder in die Aktentasche. „Ich werde Sie morgen früh erneut fragen. Dann können wir das Spielchen ja fortsetzen." Und zu den beiden Polizisten gewandt: „Bitte bringen Sie den Herrn in eine Arrestzelle. Wir sehen uns morgen wieder!"

Der Mann, den ich am nächsten Morgen erneut traf, hatte wenig gemein mit dem piekfeinen Herrn Dr. Mager des Vortages. Unrasiert und fahl saß er mir gegenüber.

„Wollen Sie jetzt …", begann ich.

„Nein", unterbrach er mich. „Ich werde diesen Offenbarungseid nicht leisten! Mein Sohn kommt in einer Viertelstunde und hat das Geld dabei. Dann werde ich ja wohl gehen können!"

Mager junior erschien pünktlich. Er zählte mir genau 19 500 Euro auf den Tisch.

„So", sagte er aufatmend, „damit dürfte der Albtraum doch beendet sein!"

„Leider nein! Meine Gebühren und noch ein paar Kleinigkeiten kommen noch dazu! Alles in allem wären das noch 561 Euro!"

Die Augen des Seniors wurden zu Schlitzen. Er kam wutentbrannt auf mich zu.

„Verdammt noch mal, Sie werden mich jetzt hier raus-lassen!", brüllte er.

Gebrüll am Morgen kann ich am allerwenigsten leiden.

„Es gibt zwei Möglichkeiten: Entweder Sie treiben die 561 Euro für die Gebühren auf, oder Sie unterschreiben die eidesstattliche Versicherung. Also, was wollen Sie tun?"

Sein Sohn zückte die Brieftasche.

„Ich habe 340 Euro dabei!"

„Zu wenig", sagte ich.

Jetzt blieb ich ebenfalls stur. „Ich nehme an, Sie haben eine EC-Karte. Draußen gibt es Automaten!"

Es dauerte eine knappe Viertelstunde, dann konnte ich eine Quittung über den gesamten Betrag ausstellen. Ich war froh, dass ich diese Herrschaften endlich los war.

Ich wünschte Dr. Mager einen guten Flug. Und noch im Gehen sagte ich: „Wenn Sie Ihre Gattin sehen, erinnern Sie diese doch daran, dass sie ihrem Zahnarzt noch 25 000 Euro schuldet. Nur für den Fall, dass sie wieder einmal nach Deutschland fliegt. Sie wissen ja jetzt, wie es um den Komfort in Arrestzellen bestellt ist!" Dann drehte ich mich um und ging zügig weg.

Ich bin sicher, dass es keine freundliche Bemerkung war, die mir Dr. Mager nachrief.

EIN NOBLER KAVALIER

Als er die Tür öffnete, hielt er ein Silberputztuch in der Hand. Ich musste unwillkürlich lächeln. Endlich mal ein Mann und dazu auch noch ein durchaus ansehnliches Exemplar, der sich für die „niedrigen" Hausfrauendienste nicht zu schade war.

Ich fragte nach Gerda M.

„Meine Frau ist nicht zu Hause. Was kann ich für Sie tun?"

Mein Ausweis ließ ihn blass werden.

„Kommen Sie doch bitte herein", forderte er mich auf.

Ich sagte ihm, dass ich einige Pfändungsbeschlüsse in der Tasche hätte.

„Pfändungsbeschlüsse?" Er wirkte total verunsichert. „Das kann ich mir gar nicht vorstellen. Meine Frau ist doch so korrekt. Besonders was die Geldangelegenheiten angeht. Leider ist sie momentan auf einer Tagung in Norddeutschland. Sie kommt in ein paar Tagen wieder. Wäre es denn möglich, dass Sie dann nochmals vorbeischauen? Ich weiß in dieser Angelegenheit doch überhaupt nicht Bescheid."

Ich fand diesen Hausmann einfach entzückend und wie er seine in Geldangelegenheiten so schusselige Gattin verteidigte. Deshalb ließ ich ihm, ohne mich nach Pfändbarem umzuschauen, selbstverständlich einen Zettel mit meiner Telefonnummer da. Man kann meine Kunden ja nicht alle über einen Kamm scheren, dachte ich.

Er bedankt sich überschwänglich für mein Verständnis und versprach, den Zettel seiner Frau sofort zu geben.

„Ich denke, dass sich dann alles aufklären wird", meinte er, als er mich zur Tür begleitete.

Ich wünschte ihm, augenzwinkernd, noch viel Spaß beim Silberputzen. So ein netter Mann, dachte ich. Weshalb laufen mir immer nur die absoluten Machos über den Weg?

Als ich zwei Wochen lang nichts von Gerda M. hörte, machte ich mich nochmals auf den Weg. Vielleicht hatte ihr Mann ja vergessen, ihr meine Nachricht zu geben.

Es war früher Abend, als ich an der Gartentür des Reiheneckhauses in der Nähe der Münchner Freiheit klingelte. Eine Zeit, zu der meistens auch berufstätige Kunden zu Hause waren.

Eine Frau mittleren Alters öffnete.

„Gerda M.?", fragte ich.

Die Dame nickte.

„Was kann ich für Sie tun?", wollte sie wissen.

Ich zeigte ihr meinen Ausweis und bat, eintreten zu dürfen.

Gerda M. war deutlich älter als ihr Mann. Eine gepflegte Frau, weit über fünfzig. Sie bat mich ins Wohnzimmer.

„Hier muss es sich um einen Irrtum handeln", sagte sie kopfschüttelnd.

Ich bemerkte, dass sie verweinte Augen hatte.

„Hat Ihr Mann Ihnen nicht meinen Zettel gegeben?"

„Mein Mann?", wiederholte sie. „Ich bin nicht verheiratet. Wahrscheinlich meinen Sie meinen ehemaligen Freund Helmut D. Er hat mich verlassen. Geschmackvollerweise, als ich vor drei Tagen auf einer Tagung in Bremen war! Ohne Abschiedsbrief und ohne Hinterlassung einer Anschrift. Kann es sein, dass Sie zu ihm wollen?"

Ich öffnete meine Aktenmappe und zeigte ihr die Pfändungsbeschlüsse.

„Das sind Arztrechnungen, Hotelübernachtungen, Leasingraten für einen Mercedes, Kreditkartenabrechnungen und einiges mehr. Sie müssen doch die Mahnungen bekommen haben!"

Sie schüttelte den Kopf.

„Ich habe keine einzige Mahnung gesehen!"

„Aber die Rechnungen, die haben Sie doch zumindest bekommen!"

Gerda M. war aufgestanden und lief im Zimmer auf und ab.

„Natürlich habe ich die Rechnungen bekommen. Aber Helmut hat mir doch alle diese Dinge abgenommen. Er hat mit einer Bankvollmacht anfallende Kosten bezahlt. Meistens sogar direkt bei den Firmen. Das ist mir lieber, hat er immer gesagt. Da kann nichts verloren gehen."

Ich konnte es nicht fassen.

„Haben Sie denn nie Ihr Konto kontrolliert? Da müssen doch die Beträge abgegangen sein!"

„Doch, manchmal hab ich auf den Kontostand geschaut. Der stimmte immer. Aber was hat er denn dann mit dem Geld gemacht?", fragte sie mich schließlich völlig perplex. „Wenn er Geld gebraucht hätte, hätte er es doch nur sagen müssen!"

Ich konnte diese Naivität kaum glauben. Eine erwachsene, erfolgreiche Frau, die seit Jahren einen florierenden Online-Handel mit italienischer Keramik managte. Wie konnte sich eine clevere Person wie sie derart offensichtlich abzocken lassen?

„Kannten Sie den Herrn H. schon länger?"

Gerda M. seufzte.

„Eigentlich nicht. Ich habe ihn vor einem knappen Jahr bei einer Kur in Abano kennengelernt. Ein reizender Mann mit ausgezeichneten Manieren. Wir gingen spazieren, machten Ausflüge und spielten Schach miteinander. Natürlich war er 20 Jahre jünger als ich. Aber das störte mich nicht. An etwas Ernstes dachte ich zu dieser Zeit wirklich nicht. Ich bin geschieden, und eine zweite Ehe kam für mich gar nicht infrage. Als ich wieder nach München fuhr, tauschten wir unsere Adressen. Helmut wohnte in Hamburg. Kurz darauf tauchte er in München auf. Er würde Sponsoring im großen Stil betreiben, sagte er."

Gerda M. rückte die Vase auf dem Couchtisch von rechts nach links. Ich hatte das Gefühl, dass sie diese am liebsten an die Wand gepfeffert hätte.

„Darf ich Ihnen einen Kaffee anbieten?", fragte Frau M. schließlich.

Ich spürte, dass die Betrogene reden wollte. Und um ehrlich zu sein, mich interessierte schon, wie sich eine so taffe Frau hatte einwickeln lassen.

„Ein Kaffee wäre jetzt wunderbar", sagte ich.

Die Story, die sie mir erzählte, hatte es in sich.

„Helmut war ein aufmerksamer, wunderbarer Mann. So etwas war mir in meinem Leben bisher noch nie begegnet. Er verwöhnte mich. Schenkte mir Blumen und besorgte für uns Opernkarten zu Premieren, die eigentlich schon völlig ausverkauft waren. Irgendwann wurde das Verhältnis enger. Er ließ durchblicken, dass ihn eigentlich nichts in Hamburg hielte. Ich habe ihm dann vorgeschlagen, nach München zu ziehen. Vorausgesetzt natürlich, dass seine Geschäfte das zuließen. Er war einverstanden, und ich bot ihm an, bei mir zu wohnen. So lange, bis er eine für ihn geeignete Wohnung gefunden hatte." Gerda M. lächelte. „Wissen Sie, ich habe lange Zeit allein gelebt. Ich fand diese Zweisamkeit sehr schön. Er kümmerte sich ja um alles. Zu der Zeit, als er bei mir einzog, war ich beruflich sehr eingespannt. Helmut erbot sich, meinen gesamten Privatbereich zu organisieren. ‚Und deine Geschäfte?', fragte ich ihn wiederholt. ‚Ach, da ist im Augenblick nicht so viel los. Ich werde in ein paar Wochen mal immer für einen Tag nach Berlin oder London fliegen müssen. Alles andere kann ich von hier aus erledigen.' Er war in der Tat ein

Mann, der mir das Gefühl gab, dass ich mich auf ihn verlassen konnte."

„Aber Sie sind doch eine gewiefte Geschäftsfrau! Gab es da keine Warnsignale? Es ist doch ein ziemlicher Schritt, einem nahezu Fremden eine Bankvollmacht zu geben!", warf ich ein.

„Er hatte diese ja nur für ein privates Konto. Mir schien es logisch. Er kümmerte sich um alle Rechnungen. Hob hin und wieder für den Haushalt etwas ab. Nichts, was mir aufgefallen wäre. "

Gerda M. holte ein Fotoalbum aus einer Kommode.

„Sehen Sie, das war vor einiger Zeit in Verona. Da überraschte er mich mit Karten zu den Osterfestspielen."

Auf den Fotos war der „Hausmann" in einem weißen Dinnerjackett zu sehen. An seiner Seite die glücklich lächelnde Gerda M.

Ein attraktiver Mann, dachte ich.

„Kann es nicht sein, dass er ganz unabsichtlich …"

Sie war wirklich unverbesserlich. Selbst jetzt, wo es so offensichtlich auf der Hand lag, dass Helmut D. sie betrogen und verlassen hatte, hoffte sie noch, dass alles ein Irrtum war.

Ich deutete auf die Pfändungsbeschlüsse.

„Ihr ehemaliger Freund hat die Mahnungen unterschlagen. Er hat das Geld für alle Rechnungen von Ihrem Konto abgehoben und in die eigene Tasche gesteckt. Unabsichtlich ist da doch rein gar nichts!"

„Aber warum hat er das gemacht? Wenn er mich um Geld gebeten hätte …"

„Anscheinend hatte er einen längerfristigen Plan. Hätten Sie ihn denn auch geheiratet?"

Frau M. sah mich an.

„Um ehrlich zu sein, ich hatte sogar überlegt, ihm nach meinem Tod dieses Haus zu überschreiben. Ich habe ja keine Kinder. Er war der einzige Mensch, der sich jemals so engagiert um mich gekümmert hat. Aber, um Ihre Frage zu beantworten: Ja, ich hätte zumindest ernsthaft darüber nachgedacht. Nur, das hat sich ja inzwischen erledigt!", fügte sie mit einem bitteren Unterton hinzu.

Sie tat mir leid. Eine derartige Erfahrung wünschte ich keiner Frau. Auf der anderen Seite war diese Blauäugigkeit unglaublich. Doch was würde es ihr in dieser Situation nützen, ihr das wiederholt zu sagen? Ich musste letztendlich meinen Job machen.

„Frau M., ich habe hier die Bescheide, die, wie wir festgestellt haben, Sie betreffen. Die Veruntreuung sollten Sie anzeigen. Was machen wir mit den Pfändungen? Können und wollen Sie das bezahlen?"

„Um welche Summe handelt es sich denn?"

Ich sah in meine Papiere.

„Mit den angelaufenen Kosten für Zinsen, Mahnungen und meine Kosten wären es 45 623,80 Euro!"

Frau M. stand auf und suchte nach ihrem Scheckheft. Sie fand es nicht.

Ich ahnte Schreckliches.

„Kann es sein, dass Ihr Exfreund dieses Scheckheft eingesteckt hat?", fragte ich. „Haben Sie denn die Geldkarte für Ihr Privatkonto zurückerhalten?"

Gerda M. wurde blass um die Nase.

„Moment", sagte sie und ging zu ihrem Schreibtisch, auf dem ein Laptop stand.

„Ich will nur rasch meinen Kontostand überprüfen!"

Kurz darauf ein spitzer Schrei.

„Das müssen Sie sehen!", rief sie atemlos. „Schauen Sie sich das an!"

Auf ihrem Privatkonto war noch ein Guthaben von 23 Euro 50 Cent.

„Als ich vor drei Monaten auf dieses Konto gesehen habe, waren es noch 210 400 Euro. Das gibt es doch nicht! Das kann er doch nicht getan haben!"

Ich war selbst überrascht.

„Wie kommt es, dass dieser Mann, ohne dass die Bank bei Ihnen nachfragt, so hohe Summen entnehmen konnte?"

„Das ist meine Schuld. Ich war, als ich Helmut die Vollmacht gab, mit ihm bei dem Direktor der Bank. Dieser fragte mich in seinem Beisein, auf welchen Höchstbetrag ich die Vollmacht begrenzen wolle. Um meinem Freund zu imponieren, sagte ich: ,Unbegrenzt, und wenn es eine Million wäre, wäre das auch in meinem Sinne!' Ich erinnere mich an den zweifelnden Blick, den mir der Direktor, der mich schon viele Jahre kennt, zugeworfen hat. Aber das bestärkte mich noch mehr. Helmut sollte sehen, wie sehr ich ihm vertraute!"

„O Gott", stöhnte ich. „Hatte ihr Freund zu der Geldkarte auch noch eine Kreditkarte?"

Gerda M. erschrak.

„Mein Gott, ja. Er bezahlte ja oft die Restaurantrechnungen damit. Ich wollte nicht, dass es in der Öffentlichkeit aussah, als hielte ich einen so jungen Mann aus!"

„Ich nehme an, dass er diese auch nicht retourniert hat?"

Sie nickte.

„Haben Sie beide Karten und die Vollmacht sperren lassen?"

„Hab ich nicht! Ich dachte, dass er nach einiger Zeit doch zu mir zurückkehren würde. Ich wollte ihm diese Rückkehr leicht machen!"

„Frau M", begann ich.

Sie winkte ab.

„Sagen Sie es nicht. Ich bin die dümmste Kuh, die Sie jemals gesehen haben! Stimmt. Ich gebe Ihnen völlig recht. Irgendwie schäme ich mich. Wie kann ich geglaubt haben, dass so ein Mann in mich verliebt ist? Ich habe ja nicht einmal seine Story über den Sponsoring-Job überprüft. Und, um ehrlich zu sein, nicht einmal einen Personalausweis oder andere amtliche Papiere habe ich gesehen. Vielleicht wären diese, wie es in derartigen Kreisen üblich ist, auch gefälscht gewesen!"

„Gut", sagte ich. „Das ist ja nun nicht mehr zu ändern. Wie wollen wir mit den Pfändungen verfahren? Haben Sie so viel Bargeld im Haus? Ich kann auch einen Scheck akzeptieren. Allerdings ist Ihr Privatkonto, wie wir gerade gesehen haben, geplündert. Wenn Sie vielleicht noch ein weiteres Konto …"

Frau M. schüttelte den Kopf.

„Ich möchte nicht, dass diese Summe auf dem Geschäftskonto auftaucht. Es wäre mir zu peinlich, das meiner Buchhaltung erklären zu müssen. Ginge es, dass ich morgen in Ihr Büro komme und den Betrag bar bezahle?"

Wir verabredeten uns für den Nachmittag.

Noch im Gehen sagte ich: „Ich hoffe, Sie lassen sofort alle für Ihren Freund zugänglichen Konten sperren!"

Sie war sehr pünktlich. Mir hatte Gerda M. einen wunderschönen Blumenstrauß mitgebracht.

„Danke", sagte sie. „Diese Lektion war wohl nötig. Übrigens, mein Banker rief mich an, nachdem ich alle Sachen gesperrt hatte, und teilte mir mit, dass Helmut noch Ausgaben in Höhe von 31 000 Euro hat machen können."

Ein wahrhaft gigantisches Lehrgeld! Das ist selbst ein silberputzender Hausmann nicht wert.

GEMÄLDE AUS ERSTER HAND

An seine Galerie in der Münchner Maximilianstraße, der Nobelmeile der Stadt, erinnerte ich mich noch sehr gut. Eine Freundin hatte mich zu einer Happening-Vernissage mitgenommen. Ein mir unbekannter Künstler schoss mit einer Pistole auf ein an der Stirnseite der Galerie befestigtes, vier Meter hohes Gemälde.

Das Publikum war teils ganz außer sich vor Begeisterung, teils total irritiert. Zu Letzteren gehörten meine Freundin und ich.

Der Künstler ließ sich anschließend mit seiner Waffe ablichten. Der Galerist Lothar V. schien mit der Wirkung dieser Performance zufrieden. Ich grübelte noch lange, was der Pistolero uns mit seinem Attentat auf das Gemälde sagen wollte. Allerdings muss ich gestehen, dass ich ein etwas konservatives Kunstverständnis habe. Mir sind Gemälde, auf denen ich zumindest erraten kann, was sich der Künstler gedacht hat, am liebsten.

Ein knappes Jahr später hielt ich diverse Pfändungsbeschlüsse für genau diesen Galeristen in Händen. Lothar V. hatte Pleite gemacht und eine Menge Gläubiger am Hals. Seine sehr bizarren Ausstellungen waren wohl nicht ganz nach dem Geschmack des Münchner Publikums.

Ich erwartete, in seiner Wohnung eine Ansammlung der schrägsten Bilder und Skulpturen zu sehen. Genau das Gegenteil war der Fall.

Privat hatte sich Lothar V. auf das 19. und frühe 20. Jahrhundert festgelegt.

In der Fünf-Zimmer-Altbauwohnung, die er mit sehr schönen Biedermeiermöbeln eingerichtet hatte, hingen Gemälde, die schon eher nach meinem Geschmack waren.

Lothar V., ein Mann Mitte fünfzig, hager und mit einem kahlgeschorenen Schädel, empfing mich außerordentlich freundlich. Eine derartige Begrüßung war ich nicht gewöhnt.

„Frau K.", sagte er, als er mir den Mantel abnahm. „Ich habe mir gerade Tee gekocht. Darf ich Ihnen etwas anbieten?"

Geplättet von so viel Freundlichkeit, nickte ich.

Wir tranken Tee aus hauchzarten Porzellantassen und machten Smalltalk. Ich erzählte ihm von der Vernissage, die ich in seiner Galerie besucht hatte. Ich verschwieg auch nicht meine Ratlosigkeit.

Lothar V. lachte.

„Ach wissen Sie, das ging wohl den meisten Gästen so. Sie wollten es nur nicht zeigen und mimten Begeisterung!"

„Weshalb haben Sie denn die Galerie aufgegeben?", wollte ich wissen.

Er sah mich an. Der Blick aus seinen stahlblauen Augen war irritierend.

„Ich habe gegen meine innere Stimme gehandelt. Der damalige Modetrend war diese Art von Happenings, wie Sie eines gesehen haben. Meine Liebe aber gehört Gemälden und Möbeln, wie Sie sie in meiner Wohnung sehen. Man soll nicht gegen seinen Geschmack agieren. Meistens merkt es das Publikum!"

„Muss man eigentlich als Galerist selbst malen können?", fragte ich neugierig.

Lothar V. schüttelte den Kopf.

„Es ist gut, etwas über Kunst zu wissen. Ich habe Kunstgeschichte studiert und sogar an der Akademie ein paar Kurse belegt. Eine große Begabung konnte mein Professor bei mir aber nicht feststellen. Er fand, ich solle mich auf etwas anderes konzentrieren. Aber Sie sehen ja, wohin man sich verlaufen kann!"

Ich öffnete meine Aktentasche und holte die Pfändungsunterlagen heraus.

Er sah mir sehr interessiert zu.

„Sind das alles Forderungen von meinen Gläubigern?", fragte er.

Ich stutzte.

„Aber Sie müssen doch die Mahnschreiben bekommen haben!"

Lothar V. seufzte.

„Wahrscheinlich! Und um ehrlich zu sein, ich habe sie alle in eine Schublade gepackt. Ich wollte mich nicht damit beschäftigen. Ich denke darüber nach, was ich mit dem Rest meines Lebens anfangen möchte. Das ist nicht so einfach und braucht Zeit!"

„Ja, aber ..."

„Ich weiß, was Sie sagen wollen. Aber in meinem Alter kann ich mir keine einzige Fehlentscheidung mehr leisten. Um zu einem richtigen Ergebnis zu kommen, darf ich mich nicht ablenken lassen."

Der Mann verwirrte mich.

„Haben Sie denn dieses Ergebnis gefunden?", fragte ich.

„Fast! Ich arbeite noch daran!"

Ich gab mir einen Ruck. Was führte ich hier für Gespräche? Ich sollte besser meinen Job machen.

„Herr O., es liegen Pfändungen für einen Betrag von zirka 200 000 Euro vor. Können Sie diesen begleichen?"

Lothar V. schüttelte mit einem bedauernden Lächeln den Kopf.

„Darf ich mich dann in Ihrer Wohnung umschauen?", bat ich.

„Aber ja", sagte er. „Ich werde Sie herumführen. Allerdings muss ich Sie über einige Dinge aufklären."

Er war aufgestanden und zu einem sehr schönen Sekretär gegangen. Lothar V. kam mit einigen Dokumenten zurück.

„Dies sind Überschreibungen von diversen meiner Besitztümer, die von einem Notar beglaubigt wurden!"

Ich sah mir die Schriftstücke an. Ich wusste, dass dies ein beliebter Trick war. Doch dagegen waren wir machtlos. Was einem Schuldner nicht mehr gehörte, konnten wir kaum pfänden.

Der wunderschöne blaue chinesische Wandteppich im Wohnzimmer gehörte einer Frau Mahnbach. Das Biedermeierzimmer, in dem wir saßen, war ebenfalls vergeben. Den Geschirrschrank samt Inhalt hatte eine Firma Kaltenbrunner für sich reklamiert.

Lothar V. führte mich durch seine Wohnung, in der nahezu nichts mehr in seinem Besitz war.

„Wie ist es mit den Gemälden?", fragte ich.

Er verzog schmerzlich das Gesicht.

„Die sind das Letzte, was ich noch habe!", sagte er.

„Tut mir leid. Aber wenn sonst nichts mehr da ist und Sie mir auch kein Bargeld oder wenigstens eine angemessene Teilzahlung anbieten können …"

Lothar V. hob die Schultern.

„Leider", sagte er.

Ich stand nun vor einer heiklen Angelegenheit. Ich war nun wirklich keine Kunstsachverständige. Geschweige denn, dass ich den Wert seiner Sammlung schätzen konnte.

Er sah meine Ratlosigkeit.

„Kommen Sie", sagte er geradezu freundschaftlich. „Ich werde Ihnen etwas über die Maler und den augenblicklichen Wert meiner Bilder erzählen!"

Er führte mich in sein Arbeitszimmer. Dem Schreibtisch gegenüber hing ein Gemälde, das eine kleine Familie zeigte.

„Das ist ein Bild von Wilhelm von Kaulbach. Ein Münchner Künstler, der im 19. Jahrhundert sehr beliebt war. Seine

Werke sind gerade wieder sehr im Kommen. Auf der Wand rechts sehen Sie dieses kleine Bild. Es ist von Carl Spitzweg. ,Wo ist der Pass', heißt es. Auch Spitzweg ist heute wieder en vogue. "

„Ich gehe davon aus, dass dies alles Originale sind?"

Lothar V. sah mich empört an.

„Ich bitte Sie! Wie könnte ich als Galerist Kopien in meiner privaten Sammlung dulden!"

Er erklärte mir Bild für Bild. Zwischendurch begleitet von tiefen Seufzern.

„Wie viel, schätzen Sie, sind Ihre Gemälde wert?", fragte ich.

Er überlegte.

„Also auf jeden Fall mehr, als diese Gläubiger, deren Pfändungsbeschlüsse Sie in der Tasche haben, von mir wollen. Nehmen Sie den Spitzweg. In London wurde letzte Woche ein Spitzweg für 100 000 Euro auf einer Auktion bei Christie's versteigert!"

Im Schlafzimmer hing eine Landschaft, von der Lothar V. sagte, dass sie von Anselm Feuerbach sei. Schönes Gemälde.

„Wie viel haben Sie denn dafür bezahlt?", fragte ich.

„Du lieber Himmel", antwortete er. „Das ist seit dreißig Jahren im Familienbesitz. Ich kann nur schätzen, was es heute wert ist. Ich würde sagen, nicht unter 80 000 Euro. Wahrscheinlich wesentlich mehr!"

Was sollte ich tun? Kunst war definitiv nicht mein Spezialgebiet. Die Namen sagten mir zwar etwas. Aber ob die Bilder echt waren?

„Haben Sie Zertifikate, die die Echtheit der Bilder bestätigen?"

„Wissen Sie, soweit ich selbst der Käufer war, brauchte ich das nicht. Ich kenne mich in diesem Geschäft aus wie kaum ein anderer. Aber ich mache Ihnen einen Vorschlag! Sie nehmen den Spitzweg mit und lassen ihn von einem Sachverständigen untersuchen. Das Gemälde ist klein und gut zu transportieren. Danach können Sie ja eines um das andere Bild Ihrem Experten zuführen!"

Ich überlegte. Der Vorschlag war in Ordnung. Es gab einen Kunstsachverständigen, der in solchen Fällen die Bilder begutachtete.

Lothar V. packte mir den Spitzweg sorgfältig ein. Ich schrieb ihm eine Quittung dafür aus. Wir verabschiedeten uns.

„Gehen Sie bitte sorgfältig mit diesem Schatz um", bat er mich. „Sie haben ja gemerkt, mein Herz hängt an diesen Dingen!"

Er sah mich erneut mit diesen tiefblauen Augen an, in denen jetzt ein kleines Lächeln zu leuchten schien.

Auf dem Heimweg fiel mir ein, wo ich ein derartiges Blau schon einmal gesehen hatte. Es waren die Augen des Huskies meiner Schwester. Er hatte die gleichen gletscherblauen Augen.

Der Spitzweg war echt. Unser Fachmann hatte keinen Zweifel. Nach Rücksprachen dotierte er ihn auf 60 000 Euro. Zug um Zug holten wir den Kaulbach und drei Gemälde von Anselm Feuerbach von Lothar V. ab.

Jedes Mal servierte er mir einen hervorragenden Darjeeling-Tee und brachte seine Trauer zum Ausdruck, dass er die Kostbarkeiten für diese dumme Episode seines Lebens habe hergeben müssen.

Auf einer Versteigerung brachten die Bilder mehr als 360 000 Euro. Abzüglich unserer Gebühren und der Pfändungsbeschlüsse wurden an Lothar V. 130 000 Euro überwiesen.

Er rief mich an, um sich zu bedanken.

„Darf ich Sie zu einem kleinen Abendessen einladen?", fragte er.

Ich zögerte. Der Mann hatte mir gut gefallen. Die höfliche und teilweise entspannte Art, wie er mit dieser Pfändung umgegangen war, hatte ich bisher selten erlebt.

Trotzdem, ich sagte ihm ab. Was mir, um ehrlich zu sein, schon etwas schwerfiel.

Drei Jahre später stand ein Beamter der Kripo in meinem Büro. Alle Gemälde von Lothar V. waren gefälscht.

„Meisterfälschungen", wie der Beamte sagte. Aufgefallen war es, als die neuen Besitzer ihrerseits die Bilder weiterverkaufen wollten.

Ich konnte es nicht glauben.

„Was ist mit unserem Fachmann?", fragte ich. „Der war sich doch so sicher, Originale in der Hand zu haben!"

„War eben ein genialer Fälscher am Werk", meinte der Kripomensch.

„Pech ", sagte ich. „Aber was wollen Sie jetzt von mir?"

„Können Sie sich vorstellen, dass Lothar V. die Gemälde selbst gefälscht hat?"

Ich überlegte kurz. Hatte er nicht erzählt, dass er ein miserabler Maler sei? Oder gehörte das zu seinem Plan? War er möglicherweise selbst einem Betrug aufgesessen?

„Keine Ahnung! Von Malerei versteh ich nichts!"

„Da geht es Ihnen wie mir ", meinte er und zog sich einen Stuhl heran. „Sie sind ja die Einzige, die mit diesem Typen verhandelt hat. Vielleicht fällt Ihnen zu dem Herrn ja etwas ein! Der Vogel ist nämlich ausgeflogen!"

Lothar V. musste, kurz nachdem er das überschüssige Geld von der Versteigerung seiner Gemälde bekommen hatte, seine Wohnung aufgelöst haben.

„Wir konnten seine Spur bis nach Berlin verfolgen. Dann gab es noch eine Auktion in Amsterdam, wo er einige Gemälde eingeliefert hatte."

Danach war das totale Nirwana. Keine Spur mehr von Lothar V.

„Bei mir hat er sich nicht abgemeldet", sagte ich. „Sorry – sieht für mich aus wie ein Fall für Interpol!"

Als in der Münchner Villa Stuck eine Wilhelm-von-Kaulbach-Ausstellung angekündigt war, überlegte ich, ob dabei vielleicht ein Original-Kaulbach von Lothar V. an der Wand hing.

IM GROSSSTADTDSCHUNGEL

Erwin K. besaß eine kleine Zoohandlung, mit der er sich gegen die Konkurrenz der Großen mehr schlecht als recht durchschlug. Er schuldete der Bank und dem Finanzamt Geld – beide unerbittliche Gläubiger, weshalb ich an einem Montagmorgen sehr früh an seiner Wohnungstür stand.

Als er mir die Tür öffnete, ahnte ich nicht, was mir noch bevorstand. Es schien mir nur unangenehm warm zu sein, eine fast tropische Hitze, und es roch seltsam, ich konnte es nur nicht einordnen. Ich folgte ihm durch den Flur mit Dschungeltapeten.

Erwin K. war alleinstehend, mittelalt, einer dieser Typen, die man auf der Straße sieht und gleich wieder vergisst. Allerdings war er exotisch angezogen: Bermudashorts und ein geblümtes Hawaii-Hemd. Sein Drei-Tage-Bart sah ein wenig ungepflegt aus, doch er hatte ein nettes Lächeln. Eine Gerichtsvollzieherin wird in Ausübung ihres Berufes nicht allzu häufig angelächelt. Erwin K. begegnete mir freundlich, dafür war ich ihm dankbar. Doch der Anblick seines Wohnzimmers war ein kleiner Schock.

Denn es war kein Wohnraum, sondern ein Dschungel. Palmen, fast deckenhoch, Farne in Kübeln, auf dem Boden Kieselsteine, eine Hängematte zwischen zwei Bäumen befestigt, in der Mitte ein plätschernder Brunnen … und alles beleuchtet von Wärmelampen, die von der Decke strahlten. Es roch sogar nach Dschungel, und die Temperatur war eindeutig subtropisch.

„Mein kleines Paradies", sagte Erwin K. und sah mich erwartungsvoll an.

Mir war heiß, und ich zog meine Jacke aus. „Wirklich ungewöhnlich", sagte ich, „aber gibt es noch einen anderen Raum?"

„Nein, hier wohne und schlafe ich." Er deutete auf die Hängematte. „Sie hat auch für zwei Platz, und an die Hitze werden Sie sich schon gewöhnen."

Ich hatte nicht vor, lange zu bleiben, doch ich setzte mich brav auf die Matte, die unser beider Gewicht mühelos trug. „Sie wissen, warum ich hier bin. Sie schulden dem Finanzamt 2700 Euro und der Bank 1500 Euro. Keine gewaltigen Summen, das können Sie doch sicher irgendwie aufbringen."

„Dann müsste ich den Laden verkaufen", sagte Erwin K. „Erspartes habe ich nicht mehr, das steckt alles in meinem Dschungel hier. Auf den Brunnen bin ich besonders stolz. Er dient auch als Tränke."

„Wofür?"

„Na, für meine Tiere", sagte er. „Ich habe sie alle nach Prinzessinnen benannt. Das zum Beispiel ist Sissi."

Er deutete auf etwas, das sich auf uns zubewegte. Es sah aus wie eine Schlange. Mein Herz schlug höher, und ich schwitzte noch mehr. „Was zum Teufel …?"

„Das ist Sissi, eine Python, aber von der kleineren Sorte. Sie ist aus Botswana, ich habe sie einem Typen abgekauft, dessen Freundin ihn sonst verlassen hätte. Keine Sorge, Sissi ist harmlos – für ausgewachsene Menschen. Man kann sie sogar streicheln, sehen Sie …"

Er strich Sissi über den Kopf, und sie züngelte, vielleicht ein Zeichen von Zuneigung? Ich habe grundsätzlich nichts gegen Schlangen, war aber noch keiner in freier Natur begegnet – oder in einer Wohnung, sehr, sehr nahe.

„Wollen Sie auch?"

Den ersten Schreck hatte ich überwunden, doch Streicheln ging eindeutig zu weit. „Nein, danke. Läuft hier sonst noch etwas herum?"

Erwin K. zeigte auf etwas Buntes, das ich im Farngestrüpp nicht gesehen hatte. Ich setzte meine Brille auf. Es war ein Papagei, ziemlich groß.

„Prinzessin Diana", sagte er und pfiff, worauf der Vogel auf uns zuflatterte. Obwohl die Decke recht hoch war, schien es mir ein lebensgefährliches Unterfangen zu sein. Der Papagei war aber sehr geschickt und landete auf der rechten Schulter seines Besitzers. Die Schlange züngelte wieder, und ich fragte mich, ob sie für Papageien gefährlich war.

„Sissi hat gestern zwei Mäuse gefuttert und ist noch am Verdauen." Erwin K. streichelte mit der anderen Hand über das gelb-blaue Gefieder des Papageis. „Ist Diana nicht allerliebst?"

„Ich bin ein Star. Holt mich hier raus", krächzte der Papagei. Das war komisch, und ich fing an zu lachen.

Erwin K. konnte der Witz nicht mehr amüsieren. „Ihr Vorbesitzer war ein Fernsehfreak. Diana saß mit ihm den ganzen Tag vor der Glotze. Ich habe nur einen ganz kleinen Apparat im Bad. In den Dschungel passt doch so was nicht rein."

„Einen Fernseher darf ich ohnehin nicht pfänden." Wie oft hatte ich diesen Satz schon gesagt? Und jedes Mal waren die Leute überrascht, weil sie dachten, dass Gerichtsvollzieher alles wegnehmen können. „Gibt es denn irgendwelche Wertgegenstände?"

„Ich habe einen Computer im Laden, aber der ist von anno Tobak, nichts mehr wert. Ein Kassettenradio in der Küche, auch schon uralt. Mein Fahrrad hat 20 Jahre auf dem Buckel, es lohnt gar nicht mehr, es anzuketten." Erwin K. sah mich beinahe triumphierend an. „Bei mir ist absolut nichts zu holen."

„Ich kann auch Tiere pfänden", sagte ich und stieß gleich danach einen gewaltigen Schrei aus. Ein paar Zentimeter von meinem Fuß entfernt bewegte sich ein haariges Ungeheuer. Nichts gegen Schlangen, aber vor Spinnen hatte ich panische Angst. Zumal, wenn sie so groß und haarig waren. Ich sprang auf, doch mit einem einzigen Griff hatte Erwin K. das Ungeheuer gepackt und hielt es in der Hand.

„Das ist doch nur Caroline. Eine Tarantel. Sie fühlt sich ein bisschen einsam, seit ihr Gefährte gestorben ist."

Ich sah auf Caroline und hatte Gänsehaut am ganzen Körper. „Sperren Sie das Vieh weg, oder ich verlasse sofort die Wohnung."

Erwin K. schaute mich mit verzeihendem Lächeln an. „Eine Spinnenphobie. Dabei ist der Biss der Tarantel nicht schlimmer als ein Bienenstich. Für Menschen. Sie beißen ihre Opfer in den Nacken und lähmen sie mit ihrem Gift. Aber sehen Sie doch mal, sie hat mehr Angst vor Ihnen als umgekehrt."

Das war mir so was von egal. Ich stand zwei Schritte entfernt. „Wegsperren. Was gibt es sonst noch für Tiere hier?"

„Sylvia. Ein Gecko. Sie ist ziemlich menschenscheu. Ach ja, und Stephanie, ein Kapuzineräffchen. Sie ist zurzeit ein wenig deprimiert und versteckt sich irgendwo."

Die Python regte sich, und ich dachte, vielleicht ist Stephanie schon im Inneren der Schlange. Erwin K. setzte die Tarantel in einen Glasbehälter neben dem Brunnen.

„Ich bin ein Star. Holt mich hier raus", krächzte der Papagei. Sprach er für sich oder die Tarantel?

Ich stand noch immer leicht unter Schock. „War es das an Tieren? Sagen Sie bloß nicht ..."

Erwin K. hüstelte. Er war offenbar kein guter Lügner und entschied sich für ein Stück Wahrheit. „Prinzessin Anne. Ein Skorpion. Sie ist ein scheues Wesen, und wenn Sie nicht gerade draufsteigen, passiert gar nichts. Ein Skorpionstich ist auch nicht schlimmer als ein Wespenstich."

„Wie beruhigend."

Meine Ironie prallte an ihm ab. „Ich liebe alle meine Tiere. Und ich habe ihnen hier ein kleines Paradies geschaffen."

Ich hatte große Zweifel, dass dieser Raum einer artgerechten Haltung nahekam, aber deshalb war ich schließlich nicht hier.

„Ach ja, ich habe Sirikit vergessen. Eine exotische Schildkröte. Total harmlos."

„Und welche Tiere befinden sich in ihrer Zoohandlung?" Ich sah auf meine Uhr. „Es ist kurz vor zehn. Sollten Sie nicht öffnen? Wir können ja gemeinsam hinuntergehen."

Nur raus hier, dachte ich, bevor der Skorpion auftaucht.

Er nickte, doch es schien Erwin K. schwerzufallen, seinen Dschungel zu verlassen. Er zog sich im Flur eine Strickjacke über, behielt aber die Bermudas an.

„Hat sich noch keiner ihrer Nachbarn über den Geruch beschwert?"

„Doch", sagte Erwin K. „Aber ich habe bei der Hausbesitzerin einen Stein im Brett. Sie ist eine so tierliebe Person. Sie hat sechs Katzen."

Er schloss die Wohnungstür ab, und wir gingen eine Treppe hinunter zu seinem Geschäft. Es war so klein wie die Wohnung und vollgestopft mit Tiernahrung und Tierspielzeug. In einem großen Glaskäfig flitzten Mäuse über Stroh, und in einem Aquarium schwammen Fische. Das war's, mehr Tiere gab es nicht.

Ich bückte mich und beobachtete, wie sie ihre Kreise zogen. „Sind die Fische wertvoll?"

„Nein", sagte Erwin K. Was hatte ich erwartet? Andererseits war er ein lausiger Lügner, und ich hätte es gemerkt.

„Ich hab es nicht so mit exotischen Fischen", sagte er. „Und die Mäuse habe ich hauptsächlich für Sissi. Sie müssen leben, wenn sie sie fängt. Die Jagd ist das halbe Vergnügen."

Alles sehr interessant, aber was sollte ich hier pfänden? „Wir müssen irgendwas finden, womit Sie Ihre Schulden begleichen können. Sonst bleibt Ihnen nur der Offenbarungseid. Gibt es vielleicht eine Frau, Verwandte, Freunde, die Ihnen aushelfen könnten?"

Erwin K. öffnete die Ladentür und setzte sich hinter einen Computer, der tatsächlich uralt aussah. Er dachte nach und biss dabei mit seinen Zähnen auf die Unterlippe. „Ich könnte Frau W. fragen, meine Vermieterin. Ihr gehört das ganze Haus, und sie hat keine Familie. Manchmal lädt sie mich zum Essen ein, und dann reden wir über Tiere. Sie mag auch meine Prinzessinnen, hat aber beschlossen, doch lieber bei den Katzen zu bleiben. Außerdem verträgt sie die Hitze nicht mehr so gut. Ja, ich glaube, das wäre eine gute Idee, sie um ein Darlehen zu bitten."

„Ja, das denke ich auch. Fragen Sie sie. Darf ich mal in Ihre Kasse sehen?"

Die Kasse war eine Geldkassette. Er öffnete sie umständlich; es befanden sich 60 Euro darin. Ich ließ die drei Scheine liegen und legte meine Visitenkarte auf den Tisch. „Fragen Sie Frau W., ob sie Ihnen das Geld borgt oder schenkt, und rufen Sie mich an. So innerhalb der nächsten Woche wäre gut. Ich schreibe inzwischen meinen Bericht, und dann sehen wir weiter."

Erwin K. schien sehr erleichtert. „Ich hatte schon Angst, dass Sie mir meine Prinzessinnen wegnehmen. Möchten Sie vielleicht ein paar Fische kaufen?"

„Nein", sagte ich, „ich kann mit Fischen auch nicht viel anfangen."

Ich ging zur Tür. „Ich höre von Ihnen im Laufe der nächsten Woche. Vielen Dank für diesen überaus exotischen Morgen."

Verschwendete Ironie. Er schenkte mir noch ein Lächeln, bevor ich mich umdrehte und ging. In das nächste Kaffeehaus, in dem ich einen Espresso und ein Glas Cognac bestellte. Nicht meine Art, tagsüber Alkohol zu trinken, doch ich hatte das Gefühl, eine Stärkung zu brauchen. Meine Knie zitterten noch ein bisschen, wenn ich an die Tarantel dachte.

„Sie sehen so blass aus", sagte der Mann hinter dem Tresen. „Geht es Ihnen gut?"

Ich kippte den Cognac in einem Zug. „Jetzt wieder. Ich war in einem Dschungel mit wilden Tieren. Echt unheimlich."

„Etwa gegenüber? Bei Erwin?"

Ich nickte, und der Mann grinste. „Der ist schon 'ne verrückte Nummer, was? Ein Spinnenfreak, hat bestimmt zehn Stück in seiner Bude rumflitzen. Alles Giftspinnen, richtig gefährliche Biester …"

Das war der Augenblick, in dem mein Kopf leer wurde, meine Knie einknickten und ich sanft zu Boden glitt.

DICKE LIPPE

Helene C. war das, was man eine Society-Lady nennt: Tochter wohlhabender Eltern, Abitur im privaten Internat, ein Jahr Auslandsaufenthalt und anschließend einen reichen Mann geheiratet. Dass der Ehemann ein Spieler von dostojewskischen Ausmaßen war, verringerte das gemeinsame Vermögen im Lauf der Jahre beträchtlich, doch als er Selbstmord beging, besaß sie immerhin noch eine Eigentumswohnung im Lehel und ein Wochenendhaus in Kitzbühel. Mit 45 Jahren wurde Helene C. zur Witwe, die Ehe war kinderlos geblieben.

Das alles wusste ich teils aus meiner Akte, teils aus Klatschspalten, denn als C-Promi wurde sie bei Veranstaltungen, die nicht von den As oder Bs besucht wurden, bisweilen als Society-Lady oder auch Charity-Lady abgelichtet.

Trotzdem erschrak ich, als sie mir die Tür öffnete. So viel: Helene C. war perfekt gekleidet, geschminkt und maniküht. Sie trug ein Ensemble von Hausanzug, den ich als hochpreisig einstufte: safrangelbe Seide mit roter Jacke und üppiger Goldschmuck mit Rubinen. Die platinblonden Haare waren zu einem Knoten gesteckt, aus dem kein Haar auszubrechen wagte. Die Fingernägel waren in der Farbe ihres Anzugs lackiert. Natürlich sah ich auch auf die Schuhe: Sie waren rot, von der Farbe der Jacke.

Sie war dezent und sehr gekonnt geschminkt, doch ihr Gesicht hätte ebenso gut 50 wie auch 80 Jahre alt sein können. Es war einfach eine Maske der Schönheitschirurgie. Geliftetes Pergament unbestimmten Alters. Doch das ging ja noch. Vor allem konnte ich meine Augen kaum von ihren Lippen lösen. Sie waren breit, wulstig – und vor allen Dingen schief. Ganz eindeutig schief, und das verstärkte sich noch, wenn sie sich um ein Lächeln bemühte. Angesichts des starren Gesichts war das ohnehin ein mühevolles Unterfangen. Die schiefe Lippe war ein optischer Albtraum, daran konnte auch der dezente Lippenstift nichts ändern.

„Ich habe Sie schon erwartet, kommen Sie doch herein." Helene C. wies mich mit einer Handbewegung in ihren langen Flur, dessen Wände mit Fotos aus Jugendjahren übersät waren. Wir gingen in den „Salon", wie sie es nannte, eine Orgie in Blumenmuster und Biedermeier. Nicht so ganz mein Fall, aber es sah alles sehr teuer aus. Bis hin zu den Vasen und ausgestellten Silberschalen und -kerzenständern fiel mir manches auf, das für das Pfandsiegel geeignet war.

Helene C. zeigte auf einen geblümten Sessel und bot mir Tee an, was ich gerne annahm. Die silberne Teekanne und die Wedgwood-Tassen waren ebenfalls für den Kuckuck geeignet. Auf den Wedgwood-Tellern lagen hauchdünn geschnittene Gurkensandwiches, denen ich nicht widerstehen konnte.

Sie spreizte den kleinen Finger beim Heben der Tasse. Ihr schiefer Mund war zu einem maliziösen Lächeln verzogen.

„Ich nehme an, Sie kommen im Auftrag dieses miesen Schönheitschirurgen."

Ich nickte und holte meine Unterlagen aus der Aktentasche. Der „miese Schönheitschirurg", Dr. Arthur B., hatte einen Pfändungsbeschluss für 9 800 Euro erwirkt. Helene C. schuldete ihm diese Summe für diverse Behandlungen ihrer Visage, insbesondere der Wangen- und Lippenpartie. Eine Anzahl von Unterspritzungen mit Hyaluronsäure, die sich über einen Zeitraum von sechs Monaten hinzogen.

Das Ergebnis schien mir mehr als zweifelhaft. Ihre Wangen waren wie gepolstert, dafür faltenlos. Falten waren in ihrem

Gesicht überhaupt nicht zu sehen, mit Ausnahme feinster Verästelungen rund um die Augen. Schmale Nase, vermutlich auch chirurgisch geformt, künstliche Augenbrauen, weit aufgerissene Augen – und der dicklippige, schiefe Mund. Alles in allem war sie eine furchterregende Erscheinung.

Ihre Stimme allerdings war schön, tief und rauchig. Die Art von Stimme, die man sich bei Lautsprecherdurchsagen wünscht. „Ich werde diesem Dilettanten keinen Cent bezahlen. Soll er mich doch verklagen … lieber gehe ich ins Gefängnis."

„Soweit wird es wohl kaum kommen! Darf ich fragen, warum Sie seine Rechnung nicht begleichen wollen?"

Helene C. verzog ihren Mund zu einem bitteren Lächeln.

„Na, das ist ja wohl offensichtlich, oder? Dieser Mistkerl hat an meinem Mund herumgepfuscht, bis der aussah wie ein U-Boot mit Schlagseite. Der liebe Doktor hat immer behauptet, das wird schon wieder, es gleicht sich aus und die Schwellungen gehen zurück. Das war aber nicht der Fall. Ich habe Wochen gewartet, doch nichts passierte."

Sie stellte ihre Tasse so heftig zurück auf den Teller, dass ich dachte, dieser würde zerbrechen. Ihr Gesicht erschien – soweit es überhaupt beweglich war – wutverzerrt.

„Ich sehe aus wie eine … ich kann gar nicht mehr unter Leute gehen. Ich werde ja zur Lachnummer. Stellen Sie sich die Bildunterschriften vor, nein, ich wage mich kaum noch aus dem Haus und kann nur meine engsten Freundinnen empfangen, denen ich striktes Stillschweigen abverlangt habe."

Ich hatte meine Zweifel am Stillschweigen von allerbesten Freundinnen, doch ich äußerte sie nicht.

„Ich werde ihn außerdem noch wegen seelischer Grausamkeit verklagen, jawohl!"

„Dann waren Sie also schon beim Anwalt?"

„Ja, natürlich", sagte Helene C. „Denken Sie, ich nehme das einfach so hin? Aber diese juristischen Dinge dauern ja so wahnsinnig lang. Bis es mal zu einer Anklage kommt ... da können Monate vergehen."

Ich fragte sie, ob ihr Anwalt ihr denn nicht geraten habe, die Rechnung vorläufig zu begleichen.

„Hat er wohl, aber ich muss ja nicht in allem auf diesen Paragrafenheini hören. Ich meine, dass dieser Pfuscher auch noch die Chuzpe hat, mir eine Rechnung zu schicken – nach dem, was er mir angetan hat! Also wirklich, man müsste diesen Menschen einsperren, ach, was sag ich, zum Tode verurteilen ..."

„Das ist bei uns ja nun nicht mehr üblich! Todesurteile."

Sie wischte meinen Einwand mit einer Handbewegung fort.

„Dann eben lebenslänglich. In einer Zelle mit einem Vergewaltiger, der ihn zum Sexsklaven macht."

Für einen Augenblick verspürte ich Mitleid mit Dr. B. Ihre Rachsucht war wirklich grenzenlos.

„Kann man den Kunstfehler denn nicht korrigieren?", fragte ich.

Sie seufzte. „Ja, lang- bis mittelfristig schon. Aber ich muss noch zwei Wochen warten, bis ich mit einer neuerlichen Behandlung beginnen kann. An die Wohnung gefesselt! Was meinen Sie, was ich alles an wichtigen Terminen versäume? Die Vernissage in meiner Lieblingsgalerie! Das Charity-Essen, die Theaterpremiere, die Modenschau ... Die Leute denken schon, ich hätte die Pest, weil ich alles absagen muss."

„Sie kommt in Europa nicht mehr vor."

„Wer?" Helene C. funkelte mich an.

„Die Pest, gnädige Frau. Sie ist ausgestorben."

„Mein Gott, legen Sie doch nicht jedes Wort auf die Goldwaage. Sagen Sie mir lieber, was ich tun kann, um diesem Mistkerl das Leben schwerzumachen."

„Nun ja, eigentlich agiere ich FÜR ihn", sagte ich vorsichtig. „In seinem Auftrag muss ich Sie auffordern, entweder den ausstehenden Betrag inklusive entstandener Mehrkosten zu bezahlen, oder ich muss Objekte im Gegenwert mit dem Pfändungssiegel belegen."

Den Offenbarungseid ließ ich aus. Es gab in diesem Wohnzimmer genug zu pfänden, von dem Schmuck, den sie trug, ganz zu schweigen.

Helene C. knallte ihre Teetasse wieder auf den Teller.

„Wieso darf mir dieser Pfuscher eine Gerichtstante – entschuldigen Sie – schicken? Mich mit Pfändung bedrohen? Wo das Unrecht doch nur mir geschehen ist? In welchem Unrechtsstaat leben wir eigentlich? Das ist ja wie im Kommunismus!"

Ihre schöne Stimme verlor an Timbre, wenn sie laut wurde. Offenbar hatte sie sich so echauffiert, dass sie sich mit der Hand ans Herz greifen musste. Das war mir einmal in meiner Laufbahn passiert: dass ein Klient sich über meinen Besuch so aufregte, dass er einen Herzinfarkt bekam und vor meinen Augen starb. Die Rettung, die ich alarmiert hatte, war zu spät gekommen.

Daran musste ich denken, als sie mit schmerzverzerrtem Gesicht dasaß. Ich hoffte sehr, dass Helene C. ein stärkeres Herz hatte. Tatsächlich schien sie sich wieder zu fangen.

„Verzeihen Sie, aber diese Geschichte regt mich maßlos auf. Mein Anwalt, den ich heute eigentlich dabeihaben wollte, hatte natürlich keine Zeit. Und er versteht nicht, weshalb ich diesen Hass in mir trage. Aber was sag ich: Männer verstehen ja sowieso nur die Hälfte von allem. Was wollen wir jetzt tun?"

„Bezahlen oder pfänden", sagte ich. Das klang nach ihren Tiraden herzlos, aber das war nun einmal die Faktenlage.

Helene C. stampfte mit einem Fuß auf. Die Tasse klirrte wieder. „Ich bezahle auf gar keinen Fall."

„Dann muss ich pfänden. Was immer dem Gegenwert von rund 11 000 Euro entspricht."

Helene C. wies mit ihrer Hand auf alles, das sich im Wohnzimmer befand. „Tun Sie, was Sie nicht lassen können. Bedienen Sie sich. Wenn Sie den silbernen Kerzenleuchter und den Sterling-Champagner-Kühler mit Ihrem Kuckuck bekleben, dürfte das ja wohl hinkommen. Sie könnten auch die Standuhr nehmen … die ist allerdings mehr wert. Den Perser könnten Sie auch bekleben. Oder wollen Sie etwa meine Diamantohrringe?"

Für nichts von alledem hast du jemals arbeiten müssen, dachte ich. Armes, reiches Kind, dem alles in den Schoß gefallen war – einschließlich des spielsüchtigen Ehemannes. Jetzt saß sie da mit ihrem schiefen Mund und haderte mit dem Schicksal. Ich war mir nicht sicher, ob ich sie bedauern sollte. Schließlich gab es auch in der Schönheitschirurgie ein Restrisiko.

„Ich denke, der Champagner-Kühler, der Kerzenleuchter und die Vase sind angemessen. Sollte ein Restbetrag zu Ihren Gunsten verbleiben, bekommen Sie das Geld natürlich."

„Ich brauche kein Geld", erwiderte Helene C. „Ich brauche Gerechtigkeit. Und einen vorzeigbaren Mund natürlich."

„Ich bin sicher", sagte ich, „dass sich dieser kleine Kunstfehler wieder korrigieren lässt."

„Das auch", meinte Helene C. wieder mit rauchiger Stimme. „Ich will aber zweitens, dass dem Mistkerl der Prozess gemacht wird. Ich verklage ihn auf eine Million. Leider sind wir nicht in Amerika, dort könnte ich ein Vielfaches verlangen."

Ich war froh, dass wir in Deutschland waren. Ich klebte die Pfandsiegel auf die drei Wertgegenstände und hoffte, dass Helene C. nicht schon wieder schrill werden würde. Doch anscheinend hatte sie sich beruhigt, und der Anblick ihres beklebten Silbers schien sie beinahe zu amüsieren. Sie war eine seltsame Frau mit einem sehr schiefen Mund.

Monate später las ich in der Zeitung, dass es in dem Prozess gegen Dr. B. zu einer Einigung gekommen war. Helene C. bekam ein Schmerzensgeld von 55 000 Euro zugesprochen.

Auf den Bildern nach dem Prozess sah ihr Mund zwar immer noch wie ein Schlauchboot aus, aber nicht mehr wie eins in Schieflage.

Die Praxis von Dr. B. hatte unter den Ereignissen allerdings gelitten, und sein guter Ruf war zum Teufel. Nach der Verhandlung soll Dr. B. die Absicht geäußert haben, aus München wegzugehen und sich auf Mallorca niederzulassen.

TÄTER ODER OPFER? KAUFEN UND VERKAUFEN

Die Adresse kannte ich schon. Mindestens sieben Kunden von mir lebten in dieser riesigen Mietmaschine. Diesmal war Sabine S. dran. Eine meiner Dauerkundinnen. Sie wohnte im 3. Stock in einer ziemlich vermüllten Zweizimmerwohnung.

Sabine S. war 35 Jahre alt. Sie jobbte als Bedienung oder meldete sich arbeitslos. Einen richtigen Beruf hatte sie nie gelernt. Eine Schneiderlehre abgebrochen. Genau wie die Lehre als Köchin.

Als ich sie das erste Mal traf, war sie gerade 30 geworden. Eine hübsche, etwas dralle Person. Damals hatte sie einem Möbelhaus 1 400 Euro für eine Couchgarnitur geschuldet. Alle Mahnversuche waren ohne Folgen geblieben. Der Betrag hatte sich inzwischen auf 1 730 Euro hochgeschraubt. Die Angelegenheit war dann bei mir gelandet.

Erst nach dem dritten Läuten öffnete sie. Die rotblonde Frau im Türrahmen wirkte verkatert. Ich zeigte ihr meinen Ausweis und bat, eintreten zu dürfen.

Sie zog die Schultern hoch und trat zur Seite.

Die Wohnung war unaufgeräumt, Gläser standen auf dem Couchtisch und volle Aschenbecher. An den Wänden billige Fotokopien von Palmenstränden.

Stumm deutete Sabine S. auf einen Sessel. Sie selbst ließ sich auf die Couch fallen.

Ich öffnete meine Aktentasche, um ihr den Vollstreckungsbefehl zu zeigen. „Sie haben 250 Euro angezahlt", begann ich.

„Auf die Mahnungen des Möbelhauses haben Sie nie geant-
wortet. Sind Sie denn jetzt in der Lage, den Rest zu begleichen?"

Sie sah mich an, schüttelte den Kopf und zündete sich eine
Zigarette an.

„Wovon?", sagte sie schließlich. „Wovon soll ich das denn
bezahlen? Ich habe keinen Job. Die Stütze, die ich bekomme,
reicht nicht mal fürs Nötigste!"

„Seit wann sind Sie denn arbeitslos?", fragte ich.

„Ach, schon länger. Eigentlich schon immer!"

„Wie, schon immer?"

„Na ja – ich flieg halt immer wieder raus. Weiß auch nicht,
warum!"

„Als was arbeiten sie denn?", wollte ich wissen.

„Mal dies, mal das! Richtig gelernt hab ich nix! Alles Hilfs-
jobs!"

Im Nebenzimmer flog ein schwerer Gegenstand zu Boden.

„Wohnen Sie hier nicht allein?", fragte ich.

Sabine S. sah mich irritiert an. „Doch", antwortete sie
schließlich. „Das ist ein Freund. Er ist zu Besuch hier!"

Die Tür flog gleich daraufhin auf. Ein Kerl, breit wie ein
Schrank und in Unterwäsche, stand im Rahmen. „Mach mir
gefälligst einen Kaffee", raunzte er. „Aber etwas presto, Fräu-
lein!"

Er sah mich an. „Und wer bist du?", fragte er.

Sabine war aufgestanden und drängte sich an dem Klotz von
Mann vorbei.

„Ich bin die Gerichtsvollzieherin!", antwortete ich.

Der Typ ließ sich auf die Couch fallen und lachte laut. Er
hörte gar nicht mehr auf zu lachen.

„Was ist daran so komisch?", wollte ich wissen.

„Na, du selbst! Was willst du Tussi denn hier pfänden? Hier
gibt es nix. Und Geld schon gleich gar nicht!"

Ich hatte mich inzwischen umgesehen. Außer der bereits ziemlich abgewirtschafteten Couchgarnitur standen noch ein uralter Fernseher, ein Bücherregal und ein kleiner Tisch in dem Raum.

Sabine S. kam mit einem Tablett herein. „Möchten Sie auch eine Tasse?", fragte sie.

„Nix da", knurrte der Mann. „Das wenige, das wir haben, verfüttern wir nicht noch an Geldeintreiber!"

Langsam hatte ich genug. „Können Sie wenigstens einen kleinen Betrag zahlen?", wandte ich mich an meine Kundin.

„Ich habe für den Rest des Monats noch 30 Euro", sagte sie.

Es war der 7. des Monats. „Haben Sie denn Aussicht auf einen Job?"

Wieder lachte der Unterhosen-Heini. „An was dachtest du denn? Als Empfangsdame oder als Serviererin in einem schicken Resto? Die kann doch nix und kriegt auch nix auf die Reihe. Also mach schon einen Abflug!"

Der Auftritt ihres Freundes war Sabine S. sichtlich peinlich. „Tut mir leid", sagte sie schließlich. „Vielleicht habe ich ja nächsten Monat etwas übrig. Dann kann ich eine Rate zahlen!"

Sie brachte mich zur Tür. Ich hörte noch, wie der Typ uns nachrief: „Den Weg kannst du dir sparen! Das Geld verdaddeln wir lieber, als es dem Staat in den Rachen zu werfen!"

Wieso dem Staat? dachte ich noch, als sich die Tür mit einem Knall hinter mir schloss. Gläubiger war das Möbelhaus.

Ein dreiviertel Jahr später landete ein weiterer Vollstreckungsbeschluss für Sabine S. auf meinem Schreibtisch. Diesmal hatte sie bei einem Versandhaus eine Waschmaschine, einen Kühlschrank und eine Kaffeemaschine bestellt. Außer einer Anzahlung von 150 Euro war kein Geld geflossen. Mahnungen hatten nicht gefruchtet. Also war ich erneut dran.

Es war einer dieser regnerischen Wintertage. Ich hatte meinen Schirm vergessen und rannte vom Parkplatz zu dem Block, in dem Sabine S. wohnte. Ich war total durchnässt. Die Haustür stand offen. Ich fuhr in den 3. Stock und klingelte.

Ein Mann öffnete. Typ zugeknallter Türsteher. Er sah mich an. Sah meine Aktenmappe und wusste Bescheid.

„Sie ist nicht da", sagte er.

Dann hörte ich die Stimme meiner Kundin.

„Rainer, wer hat denn da geklingelt?"

„Also doch da!", sagte ich und wollte eintreten.

„Ich muss Sie nicht reinlassen!"

Langsam wurde ich grantig. „Wohnen Sie auch hier? Wenn nicht, holen Sie die Mieterin!"

Sabine S. erschien. Diesmal mit pechschwarz gefärbtem Haar. Es stand ihr noch weniger als die rotblonde Mähne. „Was wollen Sie denn schon wieder!", maulte sie.

„Kann ich jetzt eintreten?", fragte ich entnervt. „Ich bin, wie Sie sehen, klitschnass. Vielleicht haben Sie ja ein Handtuch für mich!"

Der Mann feixte. „Berufsrisiko", grinste er. „Wer arme Leute belästigt, muss eben wetterfest sein!"

Und als ich mich an ihm vorbeischieben wollte, sagte er: „Mach die Tür zu! Du musst die Alte nicht reinlassen!"

Zack – war die Tür geschlossen.

Ich klingelte erneut. Nichts rührte sich.

Die Gegend ist eine Problemzone. Nahezu täglich kamen Vollstreckungsbeschlüsse für Mieter in dieser Hochhaussied-lung auf meinen Schreibtisch. Ich beschloss, erst bei zweien meiner anderen Kunden im Nebenhaus vorbeizuschauen.

Der Empfang war weniger aggressiv. Ich erhielt eine kleine Anzahlung. Mehr als eine Geste des guten Willens wollte ich ja eigentlich nicht. Beide Parteien waren ältere Leute mit kleinen Renten, die sich für Geschenke für ihre Enkel verschuldet hatten.

Eine gute Stunde später stand ich wieder vor der Wohnungs-tür von Sabine S. Diesmal öffnete sie selbst. Sie war überrascht und sichtlich erschrocken.

„Tut mir leid", stotterte sie verlegen. „Mein Freund war schlecht drauf. Kommen Sie bitte herein!"

Die kleine Wohnung kam mir noch etwas heruntergekommener vor. Die nicht bezahlte Couchgarnitur, bei der sich nicht einmal mehr der Abtransport lohnte, war voller Flecken. Die Strandbilder an der Wand konnten das Elend kaum erträglicher machen. Allerdings stand jetzt auf dem kleinen Tischchen ein nagelneuer Flachbildschirm-Fernseher.

Sabine S. hatte meinen Blick bemerkt.

„Der gehört meinem Freund!", sagte sie schnell. „Ich kann Ihnen die Rechnung von ihm zeigen!"

„Die Waschmaschine …", begann ich.

Sabine S. wurde nervös.

„Wenn Sie nicht zahlen können, muss ich sowohl die Waschmaschine als auch den Kühlschrank und die Espressomaschine pfänden. Sie haben wieder mal auf keine der Mahnungen reagiert. Tut mir leid, wo stehen denn die Teile? Ich nehme an, im Badezimmer und in der Küche!" Ich war aufgestanden, um die Geräte in Augenschein zu nehmen.

Im Badezimmer war keine Waschmaschine. In der Küche stand ein uralter Kühlschrank. Von einer Espressomaschine war ebenfalls nichts zu sehen.

Sabine S. wurde immer hektischer.

„Ich habe die Waschmaschine und den Kaffeekocher meiner Mutter vorübergehend geliehen", stotterte sie.

„Und der Kühlschrank?"

„Der ist in Reparatur", behauptete Sabine S. schnell.

„Den Kaufvertrag haben Sie unterschrieben. Egal, wo die Sachen jetzt stehen, Sie haften für die Bezahlung. Die Geräte sind bis zur endgültigen Tilgung Eigentum des Versandhauses! Das wissen Sie doch!"

„Nächsten Monat. Ganz bestimmt! Dann kann ich 50 Euro zahlen. Bitte!"

„Haben Sie denn jetzt einen Job?"

„Ich habe einen in Aussicht", versicherte die immer unruhiger werdende Frau.

Ich bat um die Telefonnummer und die Adresse ihrer Mutter und den Reparaturschein.

Sabine S. behauptete, ihre Mutter wäre im Urlaub. Sie wohne auch nicht in München, sondern „weiter weg".

„Gut", sagte ich. „Dann wird ein Kollege das übernehmen. Wenn Sie mir nur die Telefonnummer geben!"

Wie ein aufgescheuchtes Huhn lief meine Kundin durch die Wohnung. Angeblich auf der Suche nach ihrem Adressbuch. Sie fand es nicht.

„Dann eben nur die Anschrift Ihrer Mutter!"

Sie überlegte lange, dann gab sie mir eine Adresse in der Nähe von Garmisch. Der Familienname sei derselbe.

Während dieses ganzen Zirkus hatte ich ein ungutes Gefühl. Etwas war ziemlich faul an dieser Story mit der Mutter, der Waschmaschine und den beiden anderen Geräten.

Mir riss langsam der Geduldsfaden. „Kann es sein, dass Sie die Sachen verkauft haben?", fragte ich direkt.

Sabine S. begann zu weinen. „Mein Freund hat sie verscherbelt. Er brauchte dringend Kohle. Zu mir sagte er, dass ich das Geld bekomme, sobald er wieder einen Job hat. Ich war überhaupt nicht damit einverstanden. Er hat mir gedroht, wenn ich mich weigere, würde er mich verlassen. Was hätte ich denn tun sollen?"

„Ihn anzeigen!"

Sie schüttelte den Kopf. „Das kann ich nicht. Ich liebe ihn doch!"

Ihre Schulden beliefen sich inzwischen auf mehrere Tausend Euro.

Ich konnte ihr nur empfehlen, eine eidesstattliche Versicherung abzugeben. Vergeblich versuchte ich, ihr das Procedere zu erklären.

„Aber dann kann ich ja nie mehr etwas bestellen", sagte sie fassungslos. „Was soll ich denn dann tun, wenn ich etwas brauche?"

Ich war mit meinem Latein am Ende. Dabei hatte ich ihr noch nicht einmal eröffnet, dass das, was sie da ohne jegliches Schuldgefühl tat, Betrug war. Obwohl ich sah, dass Sabine S. unweigerlich auf eine Strafanzeige zusteuerte, wusste ich nicht, wie ich ihr den Ernst ihrer Lage klarmachen konnte. In ihrer Naivität und der Unfähigkeit, ihre eigene Situation klar zu erkennen, tat sie mir zwar leid, doch wesentlich mehr, als sie zu warnen, konnte ich wirklich nicht tun!

Aber vielleicht hatte sie ja doch begriffen, worum es ging. Ich beschloss, ihre strafbare Handlung, den Geräteverkauf, nicht weiterzugeben. Eindringlich ermahnte ich sie zum Abschied, keine Einkäufe, die sie nicht bezahlen konnte, zu tätigen.

Ein paar Monate hörte ich nichts von ihr. Sie schien es begriffen zu haben. Dann kam doch wieder ein Vollstreckungsbefehl, der auf meinem Schreibtisch landete.

Diesmal ging es um unbezahlte Rechnungen einer Online-Firma. Ein Computer, eine Bügelstation und ein Staubsauger. Die Rechnungen waren wie immer mit einem kleinen Betrag angezahlt worden. Die Mahnungen wurden nicht beachtet. Ohne Mühe erhielt der Händler einen Titel.

Ich hoffte, dass Sabine S. zumindest inzwischen einen festen Job hatte und ich wenigstens einen kleinen Betrag als Zahlung notieren konnte. Doch als sie mir die Tür öffnete, wusste ich, dass ihre Situation noch ausweisloser geworden sein musste.

Es war Mittag und Sabine S. hing volltrunken in der Tür. Sie trug einen schmuddeligen, rosafarbenen Morgenrock. Die Füße waren nackt, ihre Haare wieder blond, verfilzt und ungekämmt. Die Wohnung roch nach Zigaretten und altem Fett. In der Küche stapelte sich das dreckige Geschirr.

„Willkommen", lallte sie. „Ich habe mich schon gefragt, wo zum Geier Sie bleiben!"

Mein Mitgefühl tendierte gegen null. Ich war wütend und abgestoßen. Wütend, weil ich mich wirklich bemüht hatte, ihr den Weg aus diesem Schlamassel zu zeigen. Abgestoßen, weil der Abstieg dieser einmal so appetitlichen Person so vermeidbar gewesen wäre.

Ich setzte mich. Hörte mir ihr Geschwafel gar nicht an. Holte meine Papiere aus der Tasche und fragte, ob sie zahlen könne.

Sie lachte. „Aber das wissen Sie doch. Ich kann nie zahlen!"

Ich sparte mir zu fragen, weshalb sie dann dauernd Schulden machte. „Wo stehen die Geräte?", fragte ich sie.

Sabine S. hob die Schultern. „Keine Ahnung!", kicherte sie. „Muss mir jemand geklaut haben"

„Haben Sie den Diebstahl angezeigt?"

„Nein, wieso? Hätte ich das tun müssen?"

„Haben Sie erneut die Geräte verkauft?" Mir war nicht mehr nach Scherzen zumute.

Sabine S. starrte mich giftig an. „Und wenn?", zischte sie. „Unsereins hat ja sonst nichts!"

„Also, Sie haben die Geräte, die Sie nicht bezahlt haben, die Ihnen auch nicht gestohlen wurden, verkauft, obwohl sie nicht ihr Eigentum waren!" Ich hatte wirklich genug. Genug von dieser Frau, die sich an keine Spielregel hielt und auch noch glaubte, dass es ihr gutes Recht war, zu bescheißen, wo immer sie konnte. Genug von dieser Art, andere für ihre Faulheit und Unfähigkeit haftbar machen zu wollen.

Am meisten ärgerte ich mich über mich selbst. Ich hätte gleich zu Beginn dieser endlosen Abwärtsspirale eingreifen müssen. Mich nicht wie eine Sozialhelferin aufspielen und diese uneinsichtige Person vor einer fälligen Strafe bewahren dürfen.

„Gut", sagte ich. „Das, was Sie bereits zum wiederholten Mal getan haben, ist Betrug. Ich werde das weitergeben müssen!" Ich war aufgestanden und wollte zur Tür gehen.

Plötzlich sprang Sabine S. auf, griff nach ihrem Glas und schleuderte es in meine Richtung. Ich konnte mich gerade noch wegducken.

„Ich gehe nicht in den Knast, du blöde Kuh! Nur weil ich mal nicht zahlen kann, wollt ihr Leute wie mich einsperren!"

Was hätte ich dazu noch sagen können?

Ich beeilte mich, aus der Wohnung zu kommen, und war froh, wieder frische Luft zu atmen.

Doch manchmal hat das Leben auch angenehme Überraschungen. Als ich einige Zeit später eine Nachbarin von Sabine S. aufsuchte, erzählte diese mir folgende Geschichte: Vor etwa vier Monaten hatte Sabine S. im Lotto gewonnen. Nicht den Hauptgewinn. Es sollen um die 250 000 Euro gewesen sein.

„Die Sabine hat dann ein irres Fest geschmissen", erzählte ihre Nachbarin. „Das ganze Haus war eingeladen. Am Ende der Party sagte sie: ‚Nehmt mit, was euch in meiner Wohnung gefällt. Ich brauche davon nichts mehr!' Sie hatte eine kleine Reisetasche gepackt und allen ihr Flugticket in die Dominikanische Republik gezeigt."

Am Morgen darauf soll sie noch kurz geklingelt haben.

„Sie hat mir die Wohnungsschlüssel und zwei Flaschen Rotwein, die vom Fest übrig geblieben waren, gegeben. Dann hat sie noch gesagt: ‚Mich sieht hier keiner mehr!' Und ist zu einem wartenden Taxi gerannt."

Betrug hin – Betrug her, dachte ich, als ich das Haus verließ. Manchmal hat das Schicksal auch etwas für total Verpeilte übrig!

DER SCHNÖSEL

Wohnen in einer Großstadt bedeutet meistens Anonymität. Man begegnet seinen Nachbarn auf der Treppe oder in der Tiefgarage. Ein freundlicher Gruß, ein kurzes „Wie geht's? Alles in Ordnung?" Das war's. Selten kommt ein längeres Gespräch zustande. In dem Mietshaus, in dem ich schon seit Jahren lebe, ist es nicht anders. Obwohl ich das bedauerte, schaffte ich es nicht, wenigstens meine wirklich nette Nachbarin mal auf ein Glas Wein zu mir zu bitten. Klatsch und Gerüchte über meine Mitbewohner gingen an mir vorbei. Oder aber wir waren ein so stinknormales, bürgerliches Haus, dass nicht das kleinste Gerücht durch unser Treppenhaus waberte.

Das änderte sich, als Marius O. einzog. Er mietete die Dachgeschosswohnung über mir. Einhundertdreißig Quadratmeter inklusive Terrasse. Das teuerste Appartement im Haus.

Ich begegnete ihm das erste Mal im Lift. Ein Mann etwa Ende dreißig, dunkelhaarig, leicht gebräunt, mit Designerbrille und teurer Lederjacke. Die Slipper aus weichem Kalbsleder. Ich habe einen Blick für so was. Und bei Männern schau ich mir immer ihr Schuhwerk an.

Meine Mutter hatte mir eingetrichtert: Wenn du etwas über den Charakter eines Mannes erfahren willst, sieh dir an, was er an den Füßen trägt.

Dieser Satz wurde bei mir zum beliebten Spielchen. Oft kamen erstaunliche Erkenntnisse dabei heraus.

Was also sagten mir diese Kalbslederslipper? Auf jeden Fall, dass der neue Mitbewohner viel Geld für sein Äußeres ausgab.

Dass er möglicherweise eitel war. Auf jeden Fall äußerst unhöflich war, weil er weder auf meinen freundlichen Gruß reagierte, noch seine blöde Sonnenbrille im Lift absetzte.

Eigentlich hätte er mir egal sein können. Doch Marius O. zelebrierte sein Junggesellenleben sehr lautstark. Nahezu jedes Wochenende steppte über mir der Bär. Ich versuchte es mit Ohrenstöpseln, mit Schlaftabletten und dem berühmten Glas schweren Rotweins. Es half nichts. Ich lag wach. Dröhnende Musik von oben. Gelächter, Türen wurden geschlagen, und das Treppenhaus anscheinend als Partymeile einbezogen. Besonders übel wurde es im Sommer. Dann verlagerte sich das Gekreische auf die Terrasse. Ich konnte kein Fenster mehr öffnen.

Die laute Musik und das Klackklack der High Heels seiner weiblichen Gäste waren bis zum Morgengrauen im ganzen Haus zu hören. Die Mitbewohner begannen zu meutern. Meine Nachbarin war die Erste, die Marius O. darauf ansprach.

„Wohl neidisch auf mein schönes Leben?", soll er sie gefragt haben.

Als ich wieder einmal bis morgens wach lag, steckte ich ihm einen Zettel in den Briefkasten. Ich bat ihn, sich doch an die Polizeistunde zu halten.

Er reagierte nicht darauf. Im Gegenteil er grinste mich provozierend an und meinte: „Ich fahre morgen nach Las Vegas. Dann haben Sie eine Woche Ruhe! Ich freue mich schon auf die Wiedersehensparty mit meinen Freunden!"

Der unverschämte Typ schien Freude daran zu haben, seine Umwelt zu schikanieren. Nachdem er mitbekommen hatte, dass mein Kleinwagen in der Tiefgarage die Box neben ihm belegte, stellte er seinen Porsche so nahe an mein Auto, dass ich ziemlich kurbeln musste, um überhaupt rauszukommen.

Immer öfter musste ich bei ihm klingeln, damit er seine Angeberkarre so parkte, dass ich meine Autotür noch öffnen konnte. Dann kam er fluchend in die Tiefgarage und blaffte mich an: „Wohl Kassiererin im Supermarkt? Oder wer fängt denn schon zu dieser Zeit an zu arbeiten?"

Marius O. schaffte es innerhalb kürzester Zeit, das ganze Haus gegen sich aufzubringen. Er snobbte die Bewohner, wo er nur konnte.

Ich habe selten jemanden erlebt, der sich so arrogant und frech aufführte wie dieser Schnösel. Sein Auftritt war einfach indiskutabel.

Ich fragte mich, womit er wohl seinen luxuriösen Lebenswandel finanzierte. Die Antwort bekam ich einige Monate später.

Auf meinem Schreibtisch landete der Vollstreckungsbescheid eines Autohauses. Marius O. war die Raten für seinen Porsche seit vier Monaten schuldig geblieben. Die Summe belief sich auf 15 500 Euro.

Meine Reaktion auf den Pfändungsbeschluss war zweigeteilt. Einerseits keimte eine Portion Schadenfreude in mir auf. Andererseits war mir die Sache furchtbar unangenehm. Ich überlegte, ob ich mich mit irgendeinem Kniff aus der Affäre ziehen konnte. Ein Kollege, den ich ansprach, bedauerte. Er habe derart viel zu tun, einen zusätzlichen Kunden würde er nicht mehr schaffen.

Da ich dank der Geräuschkulisse über mir wusste, wann mein Peiniger zu Hause war, entschloss ich mich, ohne Ankündigung zur Sache zu kommen.

Es war abends gegen acht Uhr. Marius O. öffnete schwungvoll die Tür. Er schien jemand anderen erwartet zu haben. Als er mich sah, verschwand sein Lächeln, und er raunzte: „Was wollen Sie denn von mir? Musik wieder mal zu laut oder gefallen Ihnen meine Freunde nicht?"

Ich war auf eine derartige Unhöflichkeit gefasst. Mit meiner freundlichsten Stimme sagte ich: „Ich bin dienstlich hier!"

„Habe ich falsch geparkt, Süße?", feixte er.

„Keine Ahnung", antwortete ich.

Ich zeigte ihm meinen Dienstausweis.

Sein Grinsen erlosch. Er schnappte nach Luft.

„Ich muss Sie nicht hereinlassen", japste er.

„Nein, das müssen Sie nicht! Nur verändern Sie damit die Ausgangslage nicht. Ich würde Sie dann offiziell in mein Büro bitten. Ich habe einen Vollstreckungsbeschluss in der Tasche. Also, was ist?"

Widerwillig bat Marius O. mich herein.

Die Wohnung war sparsam, aber sehr teuer eingerichtet. Eine Designercouch von Eileen Gray. Die Tische von Herman Miller. Der Lounge Chair von Charles Eames. Die Stühle um den Esstisch von Charles Mackintosh. Alles Designermöbel der obersten Preisklasse.

Für mich gäbe es auf jeden Fall einiges zu holen. Ich packte meine Papiere aus. Marius O. tigerte nervös durch den Raum.

„Wer will denn nun Kohle von mir?", fragte er ungeduldig.

Ich zeigte ihm den Beschluss.

„Das Autohaus Meermann verlangt die ausstehenden Raten für Ihren Porsche. Das sind 15 500 Euro plus meiner Gebühren. Können Sie das bezahlen?"

„Alles Gangster", murmelte er. „Abzocker, unverschämte!"

Ich ging auf seine Schimpfkanonade nicht ein.

„Sie sind die vereinbarten Raten schuldig. Können Sie zahlen, oder muss ich pfänden?"

Marius O. hatte sich einigermaßen beruhigt.

„So viel Bargeld habe ich nicht hier. Kann ich Ihnen einen Scheck geben?"

„Nein. Schecks darf ich nicht annehmen. Dann muss ich pfänden. Begleiten Sie mich zu Ihrem Wagen, bitte!"

Jetzt wurde er erneut pampig: „Das macht Ihnen doch richtig Spaß, mich so vorzuführen! Davon haben Sie doch sicher schon die ganze Zeit geträumt!"

Er blieb sehr dicht vor mir stehen. So dicht, dass ich automatisch einen Schritt zurücktrat und stolperte. Er hätte mich halten können, aber er sah genüsslich zu, wie ich auf den harten Marmorboden fiel. Es tat höllisch weh. Ich rappelte mich auf, sammelte meine zu Boden gefallenen Papiere auf und sagte: „Ich werde jetzt Ihren Porsche pfänden!"

Als Marius O. merkte, dass es ernst wurde, verlegte er sich auf die „Es-tut-mir-ja-so-leid-Masche".

„Wären Sie damit einverstanden, wenn ich Ihnen das ausstehende Geld morgen gebe? Ich bin im Augenblick nicht flüssig. Aber morgen Abend kann ich zahlen!"

Ich wollte nur noch weg. Dieser Lackaffe war mir so unangenehm, dass ich ihn kaum ansehen konnte.

„Gut", antwortete ich mit Blick auf die Tür. „Morgen um diese Uhrzeit."

Er hatte das Geld tatsächlich aufgetrieben. Er jammerte etwas, als er noch meine Gebühren zahlen musste. Aber für mich war damit der Fall erledigt.

Für ihn anscheinend nicht. Wann immer wir uns trafen, hatte er einen dämlichen Spruch auf den Lippen. Meistens zielte er in Richtung: die Frau, deren höchster Spaß es ist, Menschen abzuzocken. Meine Standardantwort war meistens: „Sie müssen es ja wissen!"

Ein paar Wochen später flatterte ein erneuter Pfändungsbescheid für Marius O. auf meinen Schreibtisch. Diesmal war es eine Kreditkartenfirma. Er schuldete American Express 12 490 Euro.

Ich hatte wenig Lust, ihn in seiner Wohnung zu besuchen. Also bat ich ihn in einem Schreiben in mein Büro.

Marius O. erschien nicht. Ich wartete, und als sich auch nach einer Woche nichts tat, hätte ich die Möglichkeit gehabt, mit einem Polizisten die Wohnung zu entern und zu pfänden. Ich überwand meinen Ärger jedoch und klingelte bei ihm.

„Was wollen Sie denn schon wieder?", schnauzte er mich an, als er öffnete.

„Haben Sie meine Einladung nicht bekommen?", fragte ich.

„Welche Einladung? Wollen Sie etwa ein Date mit mir?"

Er grinste mich auf eine derart unverschämte Art und Weise an, dass ich ihm am liebsten eine gescheuert hätte.

Als er meinen Zorn bemerkte, versuchte er einzulenken: „Also anscheinend doch kein Date. Schade, wäre sicher interessant gewesen, womit man eine Gerichtsvollzieherin beglücken kann!"

Ich hatte keine Lust, mich auf eine Diskussion mit ihm einzulassen.

„Es liegt erneut eine Zwangsvollstreckung gegen Sie vor. Können Sie zahlen, oder muss ich pfänden?"

„Bei mir gibt es nichts zu pfänden", knurrte er. „Aber überzeugen Sie sich doch selbst!"

Er führte mich in sein Wohnzimmer. Die schönen Designermöbel standen noch genauso da wie bei meinem ersten Besuch.

Ich legte meine Papiere auf den Esstisch und zog den Vollstreckungsbescheid hervor.

„Das ist eine Pfändung über 12 490 Euro. Können Sie zahlen?"

„Warum sollte ich?", fragte er frech.

Er ging zu einem Sideboard.

„Hier", sagte er und zeigte mir eine Überschreibungsvereinbarung. Darin hatte er sämtliche Möbel, einschließlich der teuren Elektronik, einer Frau Ingrid P. übereignet. Ich kannte diese Tricks. Nach dem Motto: Mir gehört hier nichts mehr. Alles von meinen Freunden zur Verfügung gestellt. Das Datum der Überschreibung war wahrscheinlich auf einen früheren Zeitpunkt zurückdatiert.

Wäre dieses Schriftstück echt, hätte er es mir ja schon bei meinem ersten Besuch zeigen können.

„Okay", sagte ich, „ich werde Ihrem Gläubiger den Stand der Dinge mitteilen!"

Marius O. lächelte siegessicher.

Als ich ging, rief er mir noch im Treppenhaus irgendeine Unverschämtheit hinterher.

Warte Bürschchen, dachte ich.

Am nächsten Tag informierte ich American Express von der ergebnislosen Pfändung.

„Wollen Sie, dass ich ihm eine ‚Eidesstattliche Versicherung' abnehme?", fragte ich.

Amexco bestand darauf.

Diesmal beorderte ich ihn in mein Büro. Zu meiner Überraschung erschien er auch.

„Was wollen Sie denn noch von mir?", maulte er. „Das grenzt ja schon an Schikane, was Sie da mit mir machen!"

Ich fragte ihn, ob er wisse, was eine „Eidesstattliche Versicherung" oder auch eine „Vermögensabgabe" sei.

Nein, wisse er nicht.

Ich erklärte es ihm. Informierte ihn auch, dass alles, was er zu seiner finanziellen Lage sage, richtig sein müsse. Ansonsten mache er sich strafbar.

„Muss ich das denn tun?", wollte Marius O., schon recht kleinlaut, wissen.

„Wenn Sie sich weigern, kann man Sie in Haft nehmen!"

Er sah mich fassungslos an.

„Sie wollen mich verhaften?"

„Ein Polizeibeamter. Nicht ich!"

„Na, das will ich mal sehen. Also ich gebe diese Erklärung nicht ab!", sagte er und stand auf.

Ich überlegte kurz, ob ich nochmals versuchen sollte, ihm den Ernst der Lage zu erklären. Doch es würde wenig Sinn haben. Ich ließ ihn gehen und informierte das für solche Fälle zuständige Revier.

Ich verabredete mich mit einem Beamten zwei Tage später um 20 Uhr vor dem Haus.

Am Abend vor der Polizeiaktion klingelte Marius O. bei mir. Er sah gar nicht gut aus.

„Können wir nochmals über die Sache mit American Express sprechen?", fragte er.

„Worüber wollen Sie denn da reden?", fragte ich ihn abweisend. „Wenn Sie nicht freiwillig diese ‚Eidesstattliche Versicherung' abgeben, muss ich Sie von einem Polizeibeamten in Haft nehmen lassen. Das verlangt mein Auftraggeber!"

„Gibt es denn keine andere Möglichkeit? Mit so einer Erklärung würde ich doch in der Schufa stehen. Das wäre mein Ruin!"

Die Schufa ist eine privatwirtschaftliche Auskunftei, bei der man die Bonität von Kreditnehmern abfragen kann.

In seiner Erregung sprach er so laut, dass die Nachbarn alles mitbekamen. Ich hörte, wie sich einige Türen öffneten. Das Haus hatte endlich seine Sensation.

„Ich komme in einer halben Stunde zu Ihnen hoch. Aber bitte gehen Sie jetzt!"

So wenig ich diesen Angeber mochte, ich fand nicht, dass seine Situation die Nachbarn etwas anging.

Ich hatte für den geplanten Einsatz am morgigen Tag bei ihm seine Unterlagen noch in meiner Aktentasche.

Als ich bei ihm klingelte, versuchte er, mich mit einem seiner Machotricks einzuseifen. Auf dem Couchtisch stand eine Flasche Champagner.

„Wenn Sie jetzt schon meine prekäre Lage kennen, machen Sie mir doch die Freude und trinken ein Glas Champagner mit mir. Auf meine unsichere Zukunft!"

Ich schüttelte den Kopf.

„Geht nicht! Lassen Sie uns die Erklärung ausfüllen."

Marius O. arbeitete bei einer Vermögensverwaltung, war nicht vorbestraft, unverheiratet und besaß weder Immobilien noch Aktienpakete. Zumindest behauptete er das.

Ich hatte ihn natürlich erneut darauf hingewiesen, dass falsche Angaben strafbar seien.

Ich füllte den Fragebogen aus und bat ihn um seine Unterschrift.

„Gibt es denn wirklich keine andere Möglichkeit, einen Schufa-Eintrag zu vermeiden?", fragte er mich geradezu flehend.

Es gab eine einzige Möglichkeit. Aber ich wollte erst seine Unterschrift. Etwas Rache gönnte ich mir in diesem Fall.

„Ab jetzt bin ich nicht mehr kreditwürdig!", jammerte er.

Das waren Sie auch vorher nicht, dachte ich und verstaute meine Papiere in der Aktentasche.

Bereits im Gehen drehte ich mich nochmals zu ihm um. „Ach ja", sagte ich und tat so, als ob es mir gerade eingefallen wäre. „Es gibt da noch eine Möglichkeit, wie Sie um Ihren Schufa-Eintrag herumkommen können. Sie haben jetzt 14 Tage Zeit, diese Schuld zu begleichen. Wenn Sie das schaffen, gibt es keine Schufa-Benachrichtigung!"

Ich bin dann sehr schnell gegangen. Sein Wutschrei war bis ins Treppenhaus zu hören.

Er pöbelte etwas von einer „verfickten Spießerzicke", der er es irgendwann sicher heimzahlen würde!

Marius O. zahlte erstaunlicherweise die Amexco-Schulden innerhalb der vorgegebenen Frist. In unserem Mietshaus fühlte er sich danach anscheinend nicht mehr wohl. Ein Vierteljahr später zog er aus.

Ein Gutes allerdings hatte diese Schnösel-Geschichte: Wir sind durch die Unannehmlichkeiten mit ihm zu einer echten Hausgemeinschaft zusammengewachsen.

DER NACKTE MANN

Es war mein zweiter Besuch bei Hugo B., und ich hatte ihn schon beim ersten Mal nicht leiden können. Er war einer dieser Typen um die 40, die sich für unwiderstehlich halten. Gegelte Haare, enge Armani-Anzüge und verspiegelte Sonnenbrille. Porsche-fahrer. Arrogant, schleimig und von ziemlich miesem Charakter.

Ich war nach dem ersten Treffen, bei dem er mich behandelt hatte wie ein lästiges Insekt, natürlich voreingenommen. Dieses Mal war es nicht anders: Hugo B. musterte mich von oben bis unten, zog seine Mundwinkel verächtlich abwärts und gab mit nonchalanter Geste zu erkennen, dass ich eintreten dürfe in die noble Altbauwohnung im teuren Teil von Schwabing. Jugendstiltüren, Stuckdecken, Kristalllüster und moderne, sehr kühle Möbel von italienischem Design, der überdimensionale Flachbildfernseher: Dies alles kannte ich schon. Neu war ein Flügel aus glänzendem weißen Lack, auf dem eine silberne Vase mit prächtigen roten Rosen stand. Das Bild war eindeutig: Wir sind reich und zeigen es der Welt.

Er kommentierte meinen Rundblick sofort: „Gehört alles meiner Verlobten Ines. Ich kann Ihnen gern die Papiere zeigen."

War ja klar, dass auch der Flügel angeblich Ines F. gehörte – so, wie die Wohnung und alles, was sich darin befand und von Wert war. Selbst der Porsche lief auf ihren Namen. Das war schon vor zwei Jahren so gewesen, als ich das erste Mal beim Hugo B. auftauchte. Mit einem Gerichtsbeschluss, den seine Exfrau erwirkt hatte: Er schuldete ihr Unterhalt für die beiden gemeinsamen Kinder, die jetzt dreijährigen Zwillinge.

Uschi B., die Exfrau, war kurz nach der Geburt der Kinder von ihrem Mann verlassen worden. Er zog aus der gemeinsamen Wohnung aus und verabschiedete sich aus ihrem Leben, als wäre er nie da gewesen. Uschi B. musste auch aus der Wohnung raus, die sie nicht mehr bezahlen konnte. Sie verlor ihren Job im Maklerbüro ihres Exmannes und zog zu ihrer Mutter aufs Land – der letzte Zufluchtsort, den sie sich leisten konnte.

Hugo B., der schon während der Schwangerschaft seiner Frau ein Verhältnis mit seiner jetzigen Verlobten gepflegt hatte, nahm sich einen teuren Anwalt und vollzog noch vor der Scheidung seinen Rückzug aus dem Erwerbsleben. Er überschrieb sein Maklerbüro Ines F. und ließ sich von ihr als Angestellter mit dem bescheidenen Gehalt von 1 600 Euro brutto bezahlen. Alles, was er besaß, ging formell in ihren Besitz über. Hugo B. wurde über Nacht zum „armen Schlucker". Wie er mir schon bei meinem ersten Besuch mit ekligem Grinsen gesagt hatte: „Einem nackten Mann kann man nicht in die Tasche greifen."

Der Scheidungsrichter hatte angesichts der „niedrigen Einkünfte des Vaters" den Kindesunterhalt für die Zwillinge mit 300 Euro monatlich festgesetzt. Den bezahlte Hugo B. für ein paar Monate, dann blieb das Geld aus. Uschi B. bat ihn vergeblich, zumindest die Kinder zu unterstützen. Als alles nichts half, erwirkte sie einen Titel gegen den Exmann, aber das dauerte seine Zeit und kostete sie große Überwindung.

Ich konnte Hugo B. bei unserem ersten Zusammentreffen mit Mühen davon überzeugen, dass eine gütliche Einigung besser wäre als eine eidesstattliche Erklärung über Zahlungsunfähigkeit. Es war ein hartes Stück Arbeit, und als ich ihn schließlich nach zwei Stunden verließ, war ich richtig fertig. Vor allem, weil ich nicht verstand, wie ein Mensch so hartherzig und gemein sein konnte.

Hugo B. überwies den Kindesunterhalt wieder für ein paar Monate, dann hörte er damit auf. Die Zwillinge hatte er seit seinem Auszug aus der ehelichen Wohnung nicht mehr gesehen. „Kinder interessieren mich nicht", hatte er bei meinem Erstbesuch zu mir gesagt. Auf meine Erwiderung, dass es immerhin von ihm gezeugte Kinder seien, hatte er mit einem Achselzucken reagiert. „Kann sein, vielleicht sind sie aber auch von meinem Freund Hajo, der oft bei uns zu Besuch war. Mir ist das ohnehin egal, Uschi und ihre Bälger können mir den Buckel runterrutschen." Nach diesem Satz musste ich mich beherrschen, um ihn nicht anzubrüllen. Selten hatte ich jemanden so widerwärtig gefunden wie Hugo B., da konnte man wirklich den Glauben an die Männer verlieren.

Er hatte sich seit unserem ersten Zusammentreffen kaum verändert. Sein Gesicht war ein wenig feister geworden. Vermutlich trinkt er zu viel, dachte ich, und tatsächlich bot er mir, obwohl es nachmittags war, ein Glas Champagner an. Den mochte ich zwar gerne, aber nicht tagsüber und nicht von einem wie Hugo B. eingeschenkt.

„Können Sie sich denn Champagner leisten bei ihrem niedrigen Gehalt?"

Dieses überlegene Grinsen: „Hat natürlich meine Verlobte bezahlt. Sie feiert nämlich heute ihren 30. Geburtstag, und ich trinke schon mal darauf." Er lachte mir frech ins Gesicht. „Ich wüsste gar nicht, was ich ohne sie täte. Ines ist sozusagen mein Goldesel."

„Wer's glaubt, wird selig", sagte ich. „Darf ich mich denn setzen? "

„Na, sicher doch, Gnädigste. Wir kennen uns ja schon vom letzten Mal, fühlen Sie sich wie zu Hause. Soll ich raten, weshalb Sie diesmal hier sind?"

Ich musste mich beherrschen, um ihn nicht anzubrüllen. Ruhig bleiben, Katja, sagte mein Hirn zum Herzen, und mir gelang tatsächlich ein leichter Ton: „Ich bitte Sie, das wissen wir doch beide. Sie schulden Ihrer Exfrau inzwischen 15 Monate Unterhalt, summa summarum 4500 Euro plus anfallende Kosten. Hier ist der Gerichtsbeschluss."

Ich legte ihn auf den Marmortisch, er warf kaum einen Blick darauf. Schließlich wusste er genau, was er seiner Exfrau beziehungsweise den Kindern schuldete. Wenn es mit rechten Dingen zugehen würde, dachte ich, müsste er seiner Ex auch Unterhalt bezahlen. Sein Maklerbüro lief blendend, seit Schwabing mit allerlei Neu- und Ausbauten vergoldet wurde. Doch natürlich gehört es ihm nicht mehr. Dieser uralte Trick, uns auszubremsen, ärgerte mich jedes Mal aufs Neue. Und ganz besonders in diesem Fall.

Uschi B. war in mein Büro gekommen und hatte sich von mir beraten lassen. Sie brauchte das Geld dringend, und auf Dauer wollte sie auch nicht ihrer Mutter auf der Tasche liegen, sondern zurück nach München gehen und wieder arbeiten. Die Zwillinge in eine Krippe geben und ihr Leben neu beginnen, nachdem sie von Hugo B. so schmählich im Stich gelassen worden war.

Uschi B. war eine hübsche junge Frau, die ich auf Anhieb sympathisch fand. Sie hatte ihre Zwillinge bei sich und schien eine liebevolle Mutter zu sein. Doch sie war unglücklich darüber, auf dem Land zu versauern und ihrer Mutter auf der Tasche zu liegen. Sie wollte ja arbeiten und selbst auf die Beine kommen. Uschi B. war zuversichtlich, dass sie wieder eine Stelle als Maklerin bekommen könnte. Die Crux war eine bezahlbare Wohnung und die Unterbringung der Kinder. Teure Mieten und wenig Kindergartenplätze. Die „Weltstadt mit Herz" hat eben auch ein paar Löcher, durch die Menschen mit wenig Geld fallen. Uschi B. jammerte nicht, doch dass sie einen großen Groll gegen ihren Exmann hegte, war nicht zu überhören. Weil sie ja wusste, dass er viel Geld verdiente. Und weil sie einfach nicht begreifen konnte, dass er ihr auch noch das bisschen Geld für die Kinder verweigerte.

Ich fragte sie nicht, weshalb sie diesen Kotzbrocken geheiratet hatte. Wusste ich doch aus eigener Erfahrung, dass Liebe blind machen kann. Doch schon bei unserem ersten Gespräch schwor ich mir innerlich, dass ich Hugo B. dazu bringen würde, wenigstens für die Kinder zu zahlen. Wobei 300 Euro im Monat ohnehin eine lächerliche Summe waren in Anbetracht seines Luxuslebens. Uschi B. hingegen lebte von der Hand in den Mund. Oh, wie ich Männer wie Hugo B. verabscheue, die keine Verantwortung für ihre Familie übernehmen. Uschi B. war beileibe nicht die einzige alleinerziehende Mutter, die den Vater qua Gerichtsbeschluss zwingen musste, Unterhalt zu zahlen. „Nackte Männer" gab es viele, und jedem von ihnen wünschte ich ewiges Höllenfeuer.

Hugo B. setzte sein öliges Lächeln auf, nachdem er den Gerichtsbeschluss dann doch überflogen hatte. „Die Uschimaus ist aber ganz schön gierig, dabei wohnt sie doch bei ihrer Mutter in der Pampa, das kostet ja nix. Die haben ihren eigenen Gemüsegarten und Milchkühe, da ist doch für alles gesorgt, oder etwa nicht? Ich hingegen muss mich abrackern für ein bisschen Lohn und wirklich zusehen, dass ich über die Runden komme. München ist nun einmal ein sündhaft teures Pflaster."

Ein Volltreffer genau auf seine verlogene Fresse. Das stellte ich mir vor, um ruhig zu bleiben. „Kann ich die Kaufpapiere für den Flügel sehen? Ihre Gehaltsbescheinigung, die letzte Steuererklärung. Gehe ich recht in der Annahme, dass das Maklerbüro, die Wohnung und der Porsche nach wie vor auf den Namen ihrer Verlobten laufen?"

„Aber sicher doch, gnädige Frau. Warten Sie, ich hole die Scheinchen, die Sie brauchen."

Ich vermied es, ihn anzusehen, um cool zu bleiben. „Wir könnten die Sache aber auch abkürzen: Sie geben mir 4 500 Euro plus Spesen – Scheck oder bar oder Überweisung, und ich verlasse die Wohnung sofort."

Er war schon aufgestanden und sah auf mich herab. Das Funkeln in seinen Augen verriet mir, dass ihn die Situation amüsierte.

„Können Sie überhaupt ruhig schlafen in dem Bewusstsein, dass sie Ihre Kinder im Stich lassen?" Meine Stimme klang schärfer als beabsichtigt.

Sein Gesicht blieb unbewegt. „Ich habe einen gesunden Schlaf, danke der Nachfrage. Die gute Uschi wird sich wohl um ihre Blagen kümmern, irgendwie war sie immer schon ein langweiliges Muttertier. Ihr fehlte der gewisse Style, den meine Verlobte besitzt. Die perfekten Outfits. Die gepflegte Konversation. Die Gabe, sich in den besseren Kreisen zu bewegen wie ein Goldfisch im Wasser. ICH wollte keine Kinder, das können Sie mir glauben. Kinder machen Lärm und Dreck und kosten einen Haufen Geld und Nerven. Nein danke, nicht mit mir."

Nach dem Mund ein Volltreffer auf das rechte Auge. Ich hielt mich an meiner Akte fest, um ruhig zu bleiben, und er ging aus dem Zimmer, um die gewünschten Papiere zu holen. Ich blickte mich um und sah nur Geld: teuerste Designermöbel, an den Wänden dekorative Kunst im Großformat. Alles in diesem Raum war so großspurig wie seelenlos und spiegelte perfekt den Besitzer wider. Alles Schein und kein bisschen Sein.

Wie mochte seine Verlobte aussehen? Ich stellte sie mir groß, blond, dünn und perfekt gestylt vor. Eine Frau, die Tiere und Kinder nicht mochte und dreimal pro Woche ins Fitness-Studio ging. Zum Shoppen in die Maximilianstraße und zum Gesehenwerden nach Kitzbühel. Die perfide Idee vom „nackten Mann", die Hugo B. so konsequent umgesetzt hatte, war aber auch nicht ganz ohne Risiko. Denn wenn alles, was er besaß, auf ihren Namen überschrieben war, hatte Ines ihn andererseits komplett in der Hand. Sie könnte ihn hinauswerfen – und er säße mittellos auf der Straße. Das war ein Gedanke, an dem ich mich erwärmen konnte in der eisigen Atmosphäre dieser Wohnung. Ob sie wohl jemals daran gedacht hatte, die gute Ines? Oder liebte sie ihn ohne Wenn und Aber? Es war mir unvorstellbar, wie Frauen auf solche Typen abfahren konnten. Er war ein eitler, gewissenloser Geck mit oberflächlichem Charme. Ein Geizkragen, nicht nur, was Geld betraf, sondern auch Gefühle. Ich zerbrach mir den Kopf, wie ich ihn doch noch dazu bringen könnte, die ausstehende Summe zu zahlen.

Hugo B. kam mit den Papieren zurück und reichte sie mir mit siegessicherem Lächeln. „Hier, damit Sie sehen, dass alles seine Ordnung hat. Meiner Verlobten gehört alles – und mir nichts. Ich würde ja zahlen, wenn ich das Geld hätte, das können Sie der Uschimaus gerne ausrichten. Aber ich habe zurzeit nun einmal nichts."

Er stülpte seine Hosentaschen von innen nach außen, das schien er wohl komisch zu finden. „Sehen Sie? Aber wenn ich von Ines eine Gratifikation bekomme, werde ich der Uschi Geld überweisen, aber erst dann, und auch nicht die ganze Summe. Die Uschi konnte noch nie mit Geld umgehen."

Blanker Hohn sprach aus seiner Stimme. Ich zermatschte ihm gedanklich das linke Auge und nahm mir vor, den vierten Schlag dorthin zu platzieren, wo es Männern besonders wehtun sollte. Cool bleiben, Katja: „Ich nehme an, es gibt einen Safe in der Wohnung."

Einen Safe hatte ich beim letzten Mal nicht zur Sprache gebracht. An seinen flackernden Augen sah ich, dass ich ins

Schwarze getroffen hatte. Kein Grinsen mehr. „Wieso Safe? Nein, wir haben keinen Safe in der Wohnung. Im Büro gibt es einen."

„Den würde ich mir gerne ansehen."

„Dafür", sagte Hugo B., „brauchen Sie einen Gerichtsbeschluss."

„Den werde ich mir holen." Und bis dahin, dachte ich, werdet ihr den Safe ausräumen und ein Schließfach mieten, falls ihr Geld oder Wertpapiere darin habt. Oh, ich war so wütend auf diesen Kerl, solche Hassgefühle hatte ich noch nicht mal meinem Exmann gegenüber empfunden.

„Tun Sie, was sie nicht lassen können. Sie haben mich echt auf dem Kieker, oder?"

Er versucht ein charmantes Lächeln, das unerwidert blieb.

„Ich mag Väter nicht, die ihre Kinder und deren Mütter im Stich lassen. Schon gar nicht, wenn sie es auf so 'ne miese Tour versuchen."

„Ohoho, werden Sie jetzt nicht beleidigend, meine Gute, sonst muss ich mich über Sie bei Ihren Bossen beschweren."

Ich war mir sicher, dass er es nicht tun würde und wenn, wäre es mir auch egal gewesen. „Meinetwegen, aber eines sollten Sie wissen: Ich werde dafür sorgen, dass sie mit ihrer Tour nicht durchkommen, und wenn ich mich wie eine Klette an Sie heften muss."

Da war es wieder, dieses Flackern in seinen Augen. Hatte ich es geschafft, ihm zumindest ein bisschen Angst zu machen? Er sah von mir auf die Uhr, die auf dem Kaminsims stand. „Meine Verlobte kommt gleich, und ich möchte nicht, dass sie ausgerechnet an ihrem Geburtstag auf jemanden wie Sie trifft. Ich meine, Gerichtsvollzieher sind ja nun keine gesellschaftliche Zierde. Leuten wie Ihnen geht man aus dem Weg."

Und Leuten wie dir erst recht, dachte ich. Hugo B. konnte mich nicht beleidigen, allenfalls Öl ins Feuer gießen. Ich blieb sitzen. Irgendwie war ich auch neugierig auf die Verlobte. Ob sie so aussah, wie ich es mir vorstellte?

Er wurde jetzt nervös, offenbar wollte er mich so schnell wie möglich loswerden. „Sie haben doch alles gecheckt, ich war kooperativ, und ich werde der Uschi, sobald ich kann, ein paar Kröten überweisen, okay? Aber jetzt gehen Sie bitte. Ich will noch einen Geburtstag feiern."

Er wies in Richtung Tür, und ich stand so abrupt auf, dass ich ihn anrempelte, vielleicht war auch Absicht dahinter, ich war mir nicht sicher. Tatsache war, dass Hugo B. taumelte und sich mit beiden Händen auf dem Tisch abstützte, um nicht umzufallen. In dieser Vorwärts-Position fiel ihm aus der Brusttasche seines Jacketts ein kleines Schmucketui: viereckig, das perfekte Behältnis für einen Geburtstagsring.

Bevor er reagieren konnte, hatte ich das Etui, das auf dem Tisch lag, geöffnet. Ein Ring mit einem großen Smaragd glitzerte mir entgegen. Ein wunderschönes Teil, das ich mit Ehrfurcht in die Hand nahm.

„Halt, was machen Sie da!" Er versuchte, nach dem Ring zu greifen, doch ich war schneller als er und behielt ihn fest in meiner erhobenen Hand.

Das Wunder, das ich erhofft hatte, war geschehen! „Das ist aber ein Prachtstück. Ein Geburtstagsgeschenk, nicht wahr? Was mag dieser Ring wohl gekostet haben?" Triumphierend hielt ich ihn hoch, und er glitzerte sehr, sehr teuer.

Hugo B. versuchte vergeblich, nach dem Ring zu grabschen. Er sah jetzt nicht mehr so siegessicher aus, eher stark beunruhigt. „Geben Sie her. Das ist nur Modeschmuck."

„Zum 30. Geburtstag Ihrer Verlobten? Modeschmuck? Das glaube ich Ihnen nicht. Kann ich die Rechnung sehen?"

Volltreffer: Er sah auf einmal wie ein begossener Pudel aus. „Die hab ich nicht mehr; ist ja bloß Modeschmuck. 300 Euro oder so hat der Ring gekostet." Hugo B. stellte sich mit verschränkten Armen vor mich hin: „Und jetzt will ich ihn wiederhaben, aber pronto."

Der Versuch, mich körperlich einzuschüchtern, ging vollkommen daneben. „Ich habe den schwarzen Karategürtel. Und ich würde Sie nur zu gerne anzeigen, wenn Sie mir auf die Pelle rücken. Die Story vom Modeschmuck können Sie Ihrer Großmutter erzählen. Ich werde den Ring jetzt mitnehmen, Ihnen eine Quittung dafür dalassen und beim Juwelier Z. – sein Name steht ja auf dem Etui – erfragen, was er wirklich wert ist."

Hugo B.s Augen flackerten wild. „Das können Sie nicht machen. Dieser Ring gehört meiner Verlobten."

„Nein, denn noch ist er in Ihrem Besitz, Herr B. Somit kann ich ihn durchaus pfänden – und genau das werde ich auch tun. Es sei denn, Sie geben mir die 4500 Euro plus Spesen – oder stellen einen entsprechenden Barscheck aus."

Ich konnte förmlich zusehen, wie es in seinem Betrügerhirn arbeitete. Der Ring war sicher sehr viel mehr wert als seine Unterhaltsschulden. Und wie würde er vor Ines dastehen – ohne Geschenk? Der Smaragd funkelte verführerisch. Nie hatte mir ein Mann einen so wertvollen Ring geschenkt. Ich war einfach nicht der Typ, der mit Schmuck überhäuft wurde, und es mangelte auch an den passenden Schenkern. „Ich warte nicht ewig, Herr B.: Ring oder Geld."

Ein hasserfüllter Blick, dann ging er kommentarlos aus dem Zimmer und kam mit einem Scheckheft zurück.

„Ich nehme nur einen Barscheck." Oh, wie gut es mir auf einmal ging!

Er füllte den Scheck aus und gab ihn mir mit spitzen Fingern. „Hier. Her mit dem Ring."

Ich legte ihn zurück in die Schmuckschatulle. Schade eigentlich, dachte ich. Ich hätte ihn gern für ein paar Stunden getragen, was natürlich gegen alle Vorschriften gewesen wäre. Aber über den Scheck für Uschi B. und die Zwillinge war ich doch sehr glücklich. Ich gab ihm die Quittung und packte meine Unterlagen zurück in die Aktentasche.

„Ich hoffe, dass Sie mir nicht mehr unterkommen, Sie, Sie …"

Jetzt war es an mir, spöttisch zu grinsen. „Sagen Sie jetzt nichts Falsches, sonst zeige ich Sie noch wegen Beamtenbeleidigung an. Und ich hoffe auch, dass ich Sie nicht wiedersehen muss. Zahlen Sie einfach pünktlich den Kindesunterhalt. Auf Wiedersehen. Danke, ich finde alleine raus."

In den folgenden Monaten zahlte Hugo B. pünktlich, und Uschi B. zog mit den Zwillingen im Sommer nach München, nachdem sie einen Job, eine Wohnung und zwei Krippenplätze gefunden hatte. Als wir uns das letzte Mal zum Kaffee trafen, erzählte sie mir, dass sie einen netten Mann kennengelernt habe. „Er ist so ganz anders als Hugo", sagte sie. Darüber war ich sehr erleichtert.

WETTEN, DASS ...?

Ich war noch nie in Ascot bei der Royal-Ascot-Rennwoche, dem königlichen Pferderennen, das jedes Jahr Mitte Juni stattfindet. Gekrönt wird dieses gesellschaftliche Ereignis durch Queen Elizabeth, die im offenen Landauer einfährt. Neben sich den immer verwitterter aussehenden Prinz Philip. Die Queen grüßt huldvoll. Das Volk verneigt sich.

Die strenge britische Kleiderregel verlangt von den Herren einen „morning dress", was man keineswegs mit einem lässigen Morgenmantel verwechseln darf. Ein „morning dress" ist ein Cutaway, der nur mit einem Zylinder vollständig ist. Die Damen hingegen müssen Hüte tragen. Und hier fängt der Wahnsinn an: Den Kopfbedeckungen der Ladies sind keine Fantasiegrenzen gesetzt. Sie tragen ganze Vogelkäfige auf dem Kopf, wagenradgroße Teller mit echten Blumen und Gemüse, die Londoner Tower Bridge in Miniatur oder Schwanenflügel in Originalgröße mit Perlenschnüren geschmückt.

Die Berichterstattung über Ascot habe ich noch nie im Fernsehen versäumt.

Weshalb ich das erzähle?

Ich musste aus beruflichen Gründen an einem der großen Galopprennen in München-Riem teilnehmen. Die Boulevardzeitungen trommelten schon seit Tagen, wer alles anwesend sein würde und welche wunderbaren Pferde sich um die immense Preissumme die Hufe wund liefen.

Selbst wenn man den eher nüchternen Beruf einer Gerichtsvollzieherin ausübt, möchte man doch nicht als mausgraues

Wesen erscheinen. Ich entschied mich für einen kleinen eleganten Strohhut und ein smaragdgrünes seidenes Sommerkleid. Leider zerstörte die etwas zu große Handtasche mit dem Pfändungsbeschluss und anderen Papieren mein wirklich perfektes Outfit.

Meine Freundin Suse, die mir den raffinierten Hut geliehen hatte, meinte in ihrer schnoddrigen Art: „Schließlich bist du ja nicht zum Abfeiern da!"

Ein wenig mulmig war mir allerdings schon, als ich meinen Wagen in Riem parkte. Ich hatte diesen Pfändungsbeschluss quasi geerbt. Ein Kollege aus Passau hatte schon diverse Male vergeblich versucht, bei dem Gestütbesitzer, einem Walter H., zu pfänden. H. war bis unters Dach verschuldet. Sein Gläubiger sah bei diesem Rennen seine Chance, an sein Geld zu kommen.

„Glücksklee", das Pferd seines Schuldners, lief als Favorit in Riem. Sollte es gewinnen, würde ich die Summe vor Ort kassieren. Hätte „Glücksklee" aber nicht die Nase vorn, wäre das Tier dran. Zu diesem Zweck hatte mein Auftraggeber einen Wagen samt einem Pferdetransporter auf den Parkplatz gestellt.

Zur Orientierung hatte ich mir einen Plan des Rennplatzes besorgt. Die Preisverleihung fand im neugebauten Clubhaus statt, in dem auch die Boxen der in diesem Rennen gestarteten Pferde waren. Ein Foto von Walter H. steckte ebenfalls in meiner Handtasche.

Ich löste ein Ticket und ging in Richtung der Tribünen. Aber welch ein Anblick! Um mich herum Männer in Jeans und Frauen im ordinären Freizeitlook. Lediglich an der Champagnerbar lungerten einige Damen in teuren Outfits. Keine von ihnen trug einen Hut. Adios Ascot! Ich war eindeutig overdressed!

An den Wettschaltern drängte sich das Publikum. „Glücksklee" war eindeutig der Favorit. Allerdings, so erklärte mir ein etwas aufdringlicher Rentner, solle man nicht auf diesen Favoriten setzen, denn das verkleinere die spätere Quote.

Da ich weder die Absicht hatte, auf „Glücksklee" noch auf einen Außenseiter zu setzen, sah ich mir das Clubhaus an.

Eintritt nur für Mitglieder des Rennvereins.

Was würde dieser arrogante Schnösel am Eingang wohl sagen, überlegte ich, wenn ich ihm meinen Dienstausweis unter die Nase hielte?

„Glücksklee" startete im dritten Rennen. Noch eine gute Stunde Zeit.

Auf einem nahen Rondell führten die Jockeys ihre Pferde aus. Nervöse, schnaubende Geschöpfe mit zitternden Flanken.

„Das da ist ‚Glücksklee'", sagte eine Frau neben mir. „Er wird wieder alles absahnen!"

Ich bin keine Pferdenärrin. Aber dieses Tier war wirklich wunderschön: etwas größer als seine Konkurrenten, tiefschwarzes Fell und einen schmalen Kopf. Zu meiner Überraschung war sein Jockey eine zierliche junge Frau. Wie würde sie diesen Kraftprotz bändigen können? Langsam begann ich, Interesse an dem Rennen zu entwickeln.

Das dritte Rennen wurde angesagt. Ich ging zur Tribüne. Auf großen Bildschirmen wurden die Rennen übertragen. Jetzt sah man die tänzelnden Tiere am Einlauf. Dann fiel der Startschuss.

„Glücksklee" war vorn. Die Menge schrie. „Glücksklee" war ihr Liebling.

Lauf, lauf „Glücksklee". Winzig klein der Jockey auf seinem Rücken.

„Glücksklee" war immer noch vorn. Dann verschwand der Pulk hinter einer Kurve. Als sie wieder in mein Blickfeld kamen, war „Glücksklee" zurückgefallen.

Ich ertappte mich, wie ich ebenfalls versuchte ihn anzustacheln. Lauf, lauf ‚Glücksklee'!

„Glücksklee" fiel jetzt noch weiter zurück.

Du lieber Himmel, was bedeutete das für mich? Keine Siegerprämie.

Ich musste das Tier pfänden.

Wie pfändet man ein Pferd? Den Kuckuck auf den Hintern kleben?

Der Gewinner war „Rapido". „Glücksklee" war auf dem dritten Platz.

Ich musste mit Walter H. sprechen.

Die Pferde aus dem dritten Rennen zogen mit klappernden Hufen an mir vorbei. „Rapido", der Sieger, war schweißnass. Wo war „Glücksklee"?

Ich lief zum Clubhaus. Von Walter H. ebenfalls keine Spur. Pferd und Besitzer waren wie vom Erdboden verschwunden.

Ich fragte den Schnösel: „Wo finde ich Walter H.?"

Er sah mich an, als würde ich ihm einen obszönen Antrag machen.

Ich zeigte ihm meinen Dienstausweis. Er nahm ihn in die Hand und glotzte mich verständnislos an.

Dann sagte er: „Wollen Sie hier etwa pfänden?"

„Ich möchte nur Herrn H. sprechen!", entgegnete ich, angesäuert über diese aufdringliche Frage.

Der Schnösel schüttelte den Kopf und gab mir meinen Ausweis zurück.

„Keine Ahnung, wo er steckt. Aber er wird schon auftauchen!"

Zumindest öffnete er mir die Tür.

„Dort hinten sind die Herren von der Rennleitung. Fragen Sie dort!"

Er drehte mir den Rücken zu und telefonierte.

Ich drängelte mich durch die Menge.

Die Herren von der Rennleitung tuschelten miteinander. Ich zückte meinen Ausweis und stellte mich vor.

Der Präsident, ein gewisser Baron Weinstein, nahm mich zur Seite.

„Gnädige Frau", säuselte er. „Könnten Sie das nicht diskret handhaben. Ein Skandal wäre für uns alle sehr unpassend!"

In meiner freundlichsten Stimmlage wiederholte ich, dass ich jetzt einfach nur Herrn H. sprechen müsse.

„Könnten Sie mich bitte zu ihm führen!"

Der Präsident hob bedauernd die Schultern.

„Wenn Sie etwas Geduld haben; nach der Preisverleihung werde ich Sie gern unserem lieben Walter vorstellen!"

Er wandte sich wieder seinen Kollegen zu.

Gut, dachte ich. Das Procedere konnte ich noch abwarten.

Der Gewinner des Rennens, „Rapido", und sein Besitzer wurden gepriesen und dekoriert. Der Präsident erging sich in Elogen auf das Gestüt des Preisträgers. Es zog sich hin. Noch eine Rede und noch eine Ehrung. Endlich, nach einer guten Stunde, hatten alle ihren Senf dazugegeben.

Ich drängelte mich zu Herrn von Weinstein vor.

„Ach", sagte er, „Sie habe ich ja ganz vergessen. Lassen Sie mich schauen, ob ich den Walter sehe!"

Er sah ihn nicht. Und ich war nicht überrascht.

„Seltsam", meinte Weinstein. „Normalerweise geht er nicht, ohne sich zu verabschieden!"

Ich bat darum, mir die Boxen mit den Pferden zu zeigen.

„Das kann ich nicht", entrüstete sich Herr von Weinstein. „Dies ist nur mit Genehmigung der Besitzer möglich. Sie verstehen: Die Pferde sind nach so einem Rennen nervös und erschöpft!"

Langsam hatte ich genug von dieser Verzögerungstaktik.

„Ich kann Polizei anfordern, die mir den Zugang zu den Boxen sichert. Das allerdings würde wesentlich mehr Aufsehen erregen, als wenn Sie jetzt jemanden rufen, der mir den Weg zu ‚Glücksklee' oder seinem Besitzer zeigt!"

Der Präsident bekam vor Zorn einen roten Kopf. Er hyperventilierte und rief schließlich einen seiner Mitarbeiter.

„Zeigen Sie der Dame die Box von ‚Glücksklee‘, und schaffen Sie den H. herbei!", raunzte er seinen Hiwi an.

Der Gang zu den Boxen war wie ein Saunatrip. Die Pferde dampften noch von den Rennen.

Die Box von ‚Glücksklee‘ war leer.

„Kann er in einer anderen Box stehen?", fragte ich.

Der Stallbursche schüttelte den Kopf.

„Die Pferde stehen nach den Rennen immer hier!"

„Wer kann ihn denn aus der Box geholt haben?", wollte ich wissen.

„Keine Ahnung. Eigentlich nur der Besitzer oder jemand, der von ihm beauftragt wurde!"

Mir fielen das hastige Telefonat des Schnösels am Eingang und das Tuscheln der Herren von der Rennleitung ein.

Walter H. wird seinen Hengst eigenhändig in Sicherheit gebracht haben, dachte ich, und dass die Pferdemänner offensichtlich zusammenhalten.

Unverrichteter Dinge und ohne mich von den Spießgesellen des Schuldners zu verabschieden, ging ich zum Parkplatz. Dort sagte ich dem Fahrer des Pferdeanhänger-Gefährts, dass auch er Feierabend habe.

Und um ehrlich zu sein, im Grunde war ich erleichtert, dass ich diesem herrlichen Tier keinen Kuckuck auf die Flanken kleben musste. Den Auftrag habe ich dem Gläubiger retour gegeben. Mission impossible!

ES MUSS NICHT IMMER KAVIAR SEIN

„Fisch" hieß sein Restaurant in Schwabing, und es war in den letzten Monaten zu einem neuen Stern am Münchner Küchen-himmel aufgestiegen. Fritz P. war der Besitzer und Chefkoch des kleinen Lokals, in dem ausschließlich Meeresfrüchte auf den Tisch kamen. Zu gesalzenen Preisen, wie ich fand, als ich einmal mit einem Freund dort zu Abend aß. Weshalb ich sehr verwundert war, als ich Fritz P. und sein Lokal auf meiner Liste fand. Ein Münchner Großhändler hatte den Vollstreckungstitel erwirkt. Der Restaurantbesitzer schuldete ihm 35 000 Euro für diverse Lieferungen. So viel Geld für Fisch?

Er empfing mich am Nachmittag in der Küche, nachdem ich mich schriftlich angemeldet hatte. Fritz P. trug eine blaue Schürze über Jeans und kariertem Hemd und sah ein bisschen aus wie ein ostfriesischer Fischer mit seinem hellblonden Haar und den blauen Augen mit fast weißen Wimpern und Brauen. Er musterte mich genauso intensiv wie ich ihn, und so starrten wir uns ein paar Sekunden schweigend an, bevor ich mich vorstellte.

„Lustiger Name", meinte er, bevor er mir die Hand zer-quetschte. „Es stört Sie doch nicht, wenn ich arbeite, während Sie mir von meinen Schulden erzählen." Er wandte sich einem großen Fisch zu, der auf einem weißen Brett lag.

Ich hege gewisse Vorbehalte gegen Männer mit Messern. Seines war lang und scharf und sah gefährlich aus. Der Fisch war länglich, spindelförmig und mit kleinen spitzen Zähnen. Seine Fischaugen starrten mich vorwurfsvoll an. Ich liebe Mee-restiere in vielen Variationen, doch waren mir Sushi-Häppchen dann doch lieber als ganze Viecher mit vorwurfsvollem, starrem Blick.

„Was ist das für ein Fisch?"

„Ein toter." Er grinste.

„Sehr witzig. Könnte es ein Thunfisch sein?"

„Gut geraten", sagte Fritz P., „oder Sie haben draußen die Speisekarte für heute Abend gelesen? Es ist ein thunnus alalunga, ein Weißer Thunfisch. Gehört im Gegensatz zum Blauflossen-Thunfisch zu den gering gefährdeten Arten. Ist auch noch bezahlbar. Hab ich übrigens von einem anderen Großhändler. Derjenige, der Sie beauftragt hat, liefert mir ja nichts mehr."

„Weil Sie ihm 35 000 Euro aus nicht bezahlten Rechnungen schulden. Plus Zinsen und Mahngebühren und meine Kosten."

„Wow", sagte Fritz P. ungerührt und sezierte seinen Thunfisch mit einem kühnen, langen Schnitt entlang des Rückens. „Und was passiert jetzt mit mir? Wollen Sie den Kuckuck auf mein heutiges Menu kleben? Im Kühlhaus sind noch Belon-Austern und Beluga-Kaviar. Allerdings kurz vor dem Verfallsdatum, deshalb habe ich Rabatt bekommen. Ich glaube nicht, dass Ihnen das was bringt, meine Ware zu beschlagnahmen."

„Hatte ich auch nicht vor." Ich sah mich in seinem Reich um. Es war klein, effektiv und weit entfernt von dem, was ich unter einer Küche verstand. Blitzblanker Stahl und Gerätschaften, die für eine Hobbyköchin unerschwinglich waren. Diese Küche war so sauber, dass man sprichwörtlich vom Fussboden essen könnte. Fritz P. war hingebungsvoll mit seinem Fisch beschäftigt und schien mich gar nicht zu beachten.

Er stammte aus Kiel, wo er in die Lehre ging, und hatte seine Kochkarriere in Südfrankreich begonnen. Danach arbeitete er für eine Weile in einem Sterne-Restaurant in London. Vor zwei Jahren hatte er sich mit dem „Fisch" in München selbständig gemacht. Das Restaurant besaß nur zehn Tische und war meines Wissens immer ausgebucht. Nicht ganz meine Preisklasse, das billigste Fisch-Menu mit drei Gängen kostete mindestens 70 Euro. In der Austern-Kaviar-Liga war man dann schon mit dem Dreifachen dabei. Wenn er so hochpreisig war, wieso konnte er dann seine Rechnungen nicht bezahlen?

Das fragte ich ihn, während er den Fischkopf vom Rumpf trennte. Er schien meine Frage nicht zu mögen. „Möchten Sie ein Fischauge? Manche behaupten, das Auge sei das Beste am Fisch. Hat auch noch irgendwelche Zauberkräfte, sagt man. Ich persönlich glaube nicht daran."

„Nein, danke, kein Auge." Ich wandte meinen Blick von der angeblichen Delikatesse ab. Fischaugen sehen Menschenaugen ganz schön ähnlich.

„Verstehe. Die Rechnungen? Tja, es war ein unglückliches Zusammentreffen." Er zerteilte weiter den Fisch, während er versuchte, mir seine Zwangslage zu erklären. „Vor ein paar Wochen hatte ich geschlossene Gesellschaft. Der Geburtstag eines Filmproduzenten, 50 Gäste und alles nur vom Feinsten. Austern, Kaviar, Hummer, Champagner. Schon vom Einkauf her in der Größenordnung von über 20 000 Euro. Das feine Pack hat geschlemmt und gesoffen, als gäbe es kein Morgen. Und was soll ich sagen: Als ich dem Geburtstagskind die Rechnung über 37 000 Euro schickte, machte er auf toten Mann. Er hat bis heute nicht bezahlt, dieser Dreckskerl."

„Sie müssen einen Titel gegen ihn erwirken, wenn er nicht zahlt."

Fritz P. sah kurz hoch. „Weiß ich doch, aber ich hatte bisher einfach keine Zeit. Meine Freundin, die den Laden mit mir geschmissen hat, hat mich verlassen, dann musste ich mich um eine neue Kellnerin kümmern. Außer einer Küchenhilfe habe ich niemanden, der mir zur Hand geht. Es ist eine Scheiß-Knochenarbeit, sechs Tage pro Woche in der Küche zu stehen. Morgens die Einkäufe, dann die Vorbereitungen, zuletzt die drei hektischen Stunden abends. Und wenn die Kellnerin ausfällt und das Lehrmädchen allein im Lokal ist, muss ich mich auch noch um Aushilfen kümmern. Und den leidigen Papierkram erledigen, dazu komme ich schon überhaupt nicht mehr. Als Silke noch da war, ging es ja noch. Aber allein? Mir wächst einfach alles über den Kopf. So ist meine Lage. Deshalb kann ich meine Lieferanten nicht bezahlen."

Er trennte mit scharfem Hieb den Schwanz vom Rumpf. Unwillkürlich ging ich einen Schritt rückwärts. Irrer Koch ermordet Gerichtsvollzieherin, schoss mir kurz durch den Kopf. Aber Fritz P. war nicht irre, sondern einfach nur überarbeitet und ziemlich sauer.

„Können Sie denn nicht einen Kredit aufnehmen, um die ausstehenden Rechnungen zu bezahlen, wenigstens teilweise?"

Er sah mich spöttisch an: „Sie denken sicher, der Kerl verdient einen Haufen Geld bei den Preisen, die die Gäste zahlen. Irrtum, meine Liebe. Gerade bei Fisch sind die Kosten für die Ware enorm hoch. Wenn ich auf Qualität achte und keine Aquakulturen akzeptiere, zahle ich mich dumm und dämlich. Wussten Sie, dass 80 Prozent der Austern inzwischen aus Aquakulturen stammen? Dass 150 Fischarten inzwischen vorwiegend gezüchtet werden? Und dass China der Hauptlieferant aller Aquakulturen ist? Wenn ich das schon höre: Wasserkultur. Das ist ein Riesengeschäft mit billigem Fischfleisch. Und wer sich auskennt, der schmeckt den Unterschied zwischen ‚Kultur' und ‚Natur'. Nur beim Thunfisch und beim Hummer sind sie noch nicht so weit. Die lassen sich nicht so einfach züchten und müssen tatsächlich noch in freier Wildbahn gefangen werden. Hier …" Er streichelte seinem toten Fisch fast zärtlich über den Kopf, „haben wir noch ein Stück Natur, obwohl ich an der Wasserqualität der Meere inzwischen auch so meine Zweifel habe."

Wieder was gelernt. Während ich meine Essgewohnheiten in Bezug auf Fisch infrage stellte, filetierte Fritz P. seinen teuren Naturfang mit fachmännischen Schnitten und sehr konzentriert, obwohl er weitersprach. „Ich hab mein Konto bis zum Limit überzogen. Die letzte Wein- und Champagnerlieferung aus Frankreich: Die Flaschen stehen jetzt im Keller, das ist erst einmal totes Kapital. Aber ein feines Lokal mit feinen Gästen muss ja immer von allem das Beste vorrätig haben. Beluga Top-Selektion für über tausend Euro das Töpfchen ... mögen Sie Kaviar?"

Ich schüttelte den Kopf.

„Gut. Dann kann ich Ihnen ja erzählen, dass Kaviar, also der Rogen, den lebenden Stör-Weibchen entnommen werden muss. Ihnen wird der Bauch aufgeschlitzt. Danach sind sie natürlich hinüber."

Ich schluckte und blockierte meine Nase gegen den Fischgeruch.

Fritz P. streifte sich die blutverschmierten Handschuhe von den Händen. Sein Fisch war fertig filetiert. „Es geht immer nur ums Geld, und es wird immer schlimmer. Mein Vater war Fischer, wissen Sie. Das war immer ein harter Job, aber er hat die Familie damit ernähren können. Ich arbeite wie ein Verrückter und habe Schulden. Also frag ich mich nicht erst seit gestern, was für einen Sinn das ergibt. Warum ich das überhaupt tue? Damit sie mir einen Stern geben? Pah, da ist man auch nicht besser dran. Die Köche, die mit ihrer Kunst reich werden, tun es nicht mit ihren noblen Lokalen. Die machen ihre Kohle mit TV-Auftritten, Büchern, Werbung, einer eigenen Produktpalette. Mit anderen Worten: Sie verkaufen sich. Und ich glaube, dazu habe ich überhaupt kein Talent. Ich sollte diesen verdammten Laden verkaufen und nach Norddeutschland gehen. Eine Fischbude am Strand eröffnen ..."

„Aber vorher müssen Sie Ihre Finanzen in Ordnung bringen", sagte ich streng. „Eine eidesstattliche Erklärung der Zahlungsunfähigkeit wäre eine Katastrophe, denn dann würden Sie nie wieder eine Lizenz bekommen, nicht mal für 'ne Fischbude am Strand."

Zum ersten Mal sah er mir direkt in die Augen. Seine waren wasserblau und ihr Ausdruck ungläubig: „Wollen Sie mir vielleicht helfen?"

„Ja sicher, deshalb bin ich doch hier."

Fritz P. lächelte zum ersten Mal. „Ich dachte immer, Leute wie Sie wollen einen bloß auf ewig ruinieren."

Jetzt musste ich doch lachen. „Sehen Sie, wir haben alle unsere Vorurteile. Ich dachte, Leute wie Sie würden das Geld nur so scheffeln."

Das Eis zwischen uns war geschmolzen. Fritz P. bot mir Bier an, nachdem er den Fisch in den Kühlraum gebracht hatte. Ich nahm dankend an, und wir tranken aus der Flasche. Er stellte eine Schüssel mit frisch gepulten Nordseekrabben auf den Küchentisch und daneben selbst gerührte Mayonnaise zum Dippen. Eigentlich hatte ich keinen Hunger, aber es schmeckte köstlich.

Eine Weile aßen und tranken wir schweigend, dann sagte ich: „Eine Freundin von mir ist Buchhalterin, die könnte ich zu Ihnen schicken, damit sie Ihre Rechnungen sortiert. Vor allem aber ist sie diejenige, die den Filmproduzenten dazu bringen wird, seine Rechnung zu begleichen. Maria ist in Geldangelegenheiten erste Klasse!"

Ich sah ihm an, dass ihm mein Vorschlag gut gefiel. Fritz P. nahm einen Schluck aus der Flasche, bevor er antwortete: „Ich hasse Buchhaltung, deshalb könnte ich Ihre Maria wirklich gut gebrauchen. Aber ich kann sie im Augenblick nicht bezahlen, allenfalls bekochen."

Dieses Angebot würde mir auch gefallen. Doch mir fiel ein, dass Maria Vegetarierin war und auch keinen Fisch aß. Aber dieses Detail erwähnte ich nicht und sagte ihm nur, dass ich seinen Gläubiger dazu bringen wolle, noch ein wenig stillzuhalten. So lange, bis meine Freundin Maria den Filmproduzenten das Geld entlockt hatte.

Er sah auf einmal richtig froh aus. Fritz P. war mit allem einverstanden und bedankte sich für seine Verhältnisse beinahe überschwänglich. Zum Abschied lud er mich und Maria noch zu einem Abendessen ein – an einem Tag unserer Wahl. „Ihr müsst nur rechtzeitig reservieren."

Meiner Freundin Maria gelang es tatsächlich, die Finanzen von Fritz P. binnen Wochen zu ordnen. Wie sie den Filmproduzenten dazu brachte, seine offene Monsterrechnung zu begleichen, verriet sie mir nicht. Doch ich denke, dass sie ihm mit der Veröffentlichung in der Boulevardpresse gedroht hat. Maria konnte ziemlich skrupellos sein, wenn es um Geld ging. Sie wäre sicher eine gute Bankerin geworden, doch dafür war sie zu ehrlich.

Andererseits war sie eine ganz wunderbare Person, die gerne lachte und gerne aß – vegetarisch allerdings. Fritz war sofort von ihr eingenommen, und schon nach einem Monat waren sie ein Paar, worüber ich mich aufrichtig freute.

Den „Fisch" verkaufte er an einen Franzosen und eröffnete ein vegetarisch/veganes Restaurant in München. Keine Austern mehr und keinen Jahrgangs-Champagner, sondern gute Weine zu guten Preisen in einem sehr gemütlichen Lokal, das nicht für die Schickeria konzipiert war.

Am Eröffnungsabend ließ Fritz es allerdings noch einmal krachen. Als Vorspeise kredenzte er Maria und mir „Sphärischen Melonenkaviar à la Adria", gefolgt von Carpaccio von Steinpilzen, Kartoffelpüree mit Trüffelbutter und gefüllten Artischocken sowie zum Dessert Topfenpalatschinken mit Variationen der Kirsche.

Wir schlemmten uns durch den Abend, und ich war glücklich, dass meine Freundin sich gerade diesen Mann geangelt hatte. Schließlich hatte ich lukullisch auch was davon.

Es muss nicht immer Kaviar sein!

TOTGESAGTE LEBEN LÄNGER

Diesen Fall habe ich sozusagen geerbt. Ein Kollege, der in Rente ging, hat mir quasi Volker R. vermacht.

„Er ist der einzige Gauner, den ich nicht zur Ader lassen konnte! Er hat kleine Handwerksbetriebe in den Ruin getrieben, viele Menschen betrogen und ist schuld daran, dass sich einer von ihnen das Leben genommen hat! Ich bin inzwischen zu alt, aber du schaffst das schon!"

Heider war einmal so etwas wie mein Chef gewesen. Als ich neu im Beruf war, hatte er mir oft Tipps gegeben, wie man mit besonders schwierigen Kunden umgeht.

Als er sein Büro ausräumte, schleppte Heider einen dicken Ordner an. Darin Zeitungsausschnitte und handschriftliche Notizen. Es ging um einen Volker R., seines Zeichens Vermögensverwalter und Immobilienhändler mit angeschlossenem Bauunternehmen. Mir war nicht ganz klar, wie ich meinem Kollegen helfen sollte. Ich war zu dieser Zeit für einen Bezirk in Schwabing zuständig. Heider hatte in Grünwald seine Schäfchen gehabt. Im Gerichtsvollzieherjargon hieß dieser Münchner Vorort nur das „Reichengetto". Ich war nicht mal zuständig für diesen „parfümierten Gangster", wie mein Ex-Kollege ihn nannte.

Der dicke Ordner lag in meiner Diele wie das dräuende Unheil selbst. Am liebsten hätte ich ihn in den Müll geworfen.

Irgendwann siegte dann meine Neugier. Zumindest wollte ich wissen, was Heider so gegen diesen Kunden aufgebracht hatte. An einem verregneten Wochenende knöpfte ich mir also Heiders Ordner vor.

Auf unzähligen Zeitungsausschnitten, entweder von Klatsch-kolumnen oder von den Wirtschaftsseiten seriöser Tageszei-tungen, grinste ein etwa fünfzigjähriger Typ mit onduliertem Haar und einer angehenden Wampe. An seiner Seite meistens eine aufgetakelte Blondine kurz vorm Verfallsdatum. Wie mir die Bildunterschrift sagte, seine Gattin. Nach der Anzahl der Society-Berichte schien das Paar einen Großteil seiner Zeit auf Empfängen und Society-Events zugebracht zu haben. Sie stets ein Champagnerglas in der mit Klunkern geschmückten Hand. Er mit einem Breitmaulfroschlächeln. Dazu dann Texte, wie: der megaerfolgreiche Manager und Großinvestor Volker R. mit seiner charmanten Gattin Florentine. Beide waren anscheinend das unverzichtbare Beiwerk auf Festen, bei denen eine neue Armbanduhr, der ultimative Luxusfüllfederhalter oder ein mit Swarovskisteinen besetztes Handy vorgestellt wurden. Sympa-thisch wirkten sie nicht. Doch darauf kam es den PR-Leuten dieser Events auch gar nicht an. Eingeladen wurde, wer gerade Schlagzeilen machte.

Zwischen den Werbeveranstaltungen gab es auch Ausrisse aus Hochglanzblättern: das Haus Volker R.'s in Grünwald. Die Gattin im heimischen Pool. Der Hausherr in der Bibliothek vor dem Kamin. Gekleidet in einer lässigen Hausjacke von Yves St. Laurent. Der Designer war in Klammer angegeben. Der Salon, ganz mit cremefarbenen Daunencouchen, aufwen-digen Seidentapeten und einem riesigen chinesischen Teppich ausgestattet, wirkte wie der Ausstellungsraum eines noblen Einrichtungsgeschäftes. Kein Funken von Leben in dieser Villa.

Ich hatte selten eine so sterile Wohnung gesehen.

Die Materialsammlung meines Ex-Kollegen ging über fast sechs Jahre. Begonnen hatte sie im Jahr 2005. Volker R. hatte eine Steuervorauszahlung von zirka 100 000 Euro nicht gezahlt. Als Mahnungen nichts fruchteten, wurde Heider tätig.

Erst sprach er in der Firma von Volker R. vor. Der Chef sei nicht anwesend, meinte die Sekretärin. Sie wisse auch nicht, wann er wieder im Büro auftauche. Er hielte das fließend!

Heider hatte sich das wörtlich auf einen Notizzettel notiert. Ich musste schmunzeln. Als sich Volker R. auch nicht auf seine mehrmaligen Telefonanrufe meldete, versuchte es mein hartnäckiger Ex-Chef in der Villa.

Auch hier keine Spur des Hausherrn. Die Gnädige wusste ebenso wenig wie die Sekretärin, ob und wann ihr Mann wieder in den heimischen Hafen einlaufen würde.

Am Tag darauf, das war aus dem handschriftlichen Datumsvermerk von Heider ersichtlich, erschien in der lokalen Klatschpresse ein großes Foto des Gesuchten mit der Bildunterschrift: „Ein Highlight dieser Vernissage: der Investor Volker R." Diesmal ohne seine Gattin, dafür mit einem 25 Jahre jüngeren Klon derselben.

Der Himmel über München-Grünwald blieb für Heider längere Zeit sauber. Ein paar kleinere Geschäfte, die pleitegingen. Nichts Aufregendes für einen Gerichtsvollzieher.

Es vergingen einige Monate, dann bekam Heider seinen Lieblingskunden doch zu fassen. In seinem internen Protokoll schrieb er: „Herr Volker R. behauptet, völlig mittellos zu sein. Die Firma gehöre seiner Ehefrau. Die notarielle Erklärung trägt er in seiner Aktentasche mit sich herum."

Heider musste leider erneut ohne Ergebnis abziehen. Er ärgerte sich enorm. So sehr, dass er sich wohl geschworen hatte, diesem Herrn doch noch irgendwann auf den feinen Schlips von Hermès zu treten.

Die Ausrisse im Ordner wurden immer mehr. Doch Heider hatte nichts mehr mit diesem Fall zu tun. Er hörte von Prozessen, die gegen Volker R. angestrengt worden waren.

Es muss um 2011 gewesen sein: Die Wirtschaftsseiten aller überregionalen Zeitungen machten damit auf: „Investor und

Vermögensverwalter R. pleite. Die Arbeiten an seinem überdimensionierten Golfressort ruhen. Handwerkerrechnungen können nicht bezahlt werden. Der Schaden soll sich in einer dreistelligen Millionenhöhe bewegen."

In einem Fernsehinterview wiegelte Volker R. ab. Das sei, sagte er dem Journalisten, alles maßlos übertrieben. Ja, es habe Engpässe gegeben. Und nein, er sei keineswegs insolvent. Binnen der nächsten Wochen seien alle Schwierigkeiten aus dem Weg geräumt.

Ohne es gewollt zu haben, hatte ich mich von Heiders Empörung anstecken lassen. Ich hatte seinen Fall zu meinem Anliegen gemacht.

Ich las also alles, was über Volker R.s Firma in der Presse erschien.

Das waren inzwischen ziemlich harsche Anschuldigungen: Man sprach von Insolvenzverschleppung und Betrug. Er tauchte seltener in der Klatschpresse auf. Seine Frau sah man nur noch gelegentlich auf einem dieser Events. Nur auf den Wirtschaftsseiten der Tageszeitungen war er jetzt ständiger Gast.

Zwar hatte er ziemlich viel von seinen Besitztümern seiner Ehefrau überschrieben, was ihm, da sein Fall inzwischen bei der Staatsanwaltschaft gelandet war, nicht viel nützte.

Ich rief Heider an.

„Wir sind jetzt außen vor", sagte ich, ohne mein verräterisches „Wir" zu bemerken.

Heider lachte. „Hab ich dich also doch auf die Fährte gesetzt! Jetzt müssen die Kollegen von der Justiz sich um diesen Herrn kümmern!"

Es vergingen ein paar Monate. Heider war inzwischen nach Mallorca ins warme Rentnerparadies gezogen. Ich hatte den Ordner immer noch nicht entsorgt. Manchmal schaute ich noch nach Volker R.s fett gedrucktem Namen in den Klatschspalten.

Das Interesse an ihm schien jedoch erloschen zu sein. Das Einzige, was ich noch las, war, dass er sich gegen Kaution auf freiem Fuß befinden würde. Ich widmete mich meinen ebenso bizarren anderen Kunden.

Es muss im März 2012 gewesen sein. Ich blätterte in der Wochenendausgabe der Süddeutschen Zeitung. Bei den Todesfällen fiel mir eine besonders große, mit Palmwedeln geschmückte Anzeige auf: „Ich habe durch einen traurigen Unfall meinen geliebten Mann, Herrn Volker R., verloren. Ich werde ihn immer lieben. Florentine R."

Ich war schockiert und suchte daraufhin auf den Wirtschaftsseiten nach einer Meldung über den Tod von Volker R.

Dort fand ich einen kleinen Artikel. Volker R. war der Auflage der Staatsanwaltschaft, sich einmal wöchentlich bei einer Polizeistelle zu melden, wohl längere Zeit nicht gefolgt. Er hatte sich nach Kuba abgesetzt. Kuba liefert Straftäter nicht aus. Seine Ehefrau gab an, nicht zu wissen, wo sich ihr Mann aufhielt. Das Unglück soll bei einem Tauchgang in der Nähe von Havanna passiert sein. Die Leiche von Volker R. wurde nicht gefunden.

Komisch, dachte ich. Manchmal ist das Schicksal doch gerecht.

Ich konnte jetzt also endgültig diesen Ordner entsorgen. Was ich dann aber doch nicht tat.

Es mochte ein halbes Jahr vergangen sein. Mein Jahresurlaub stand an. Ich fuhr mit einer Freundin an die Côte d'Azur. Wir hatten für zwei Wochen ein Appartement in Nizza gemietet. Alles etwas über unsere Verhältnisse. Aber wir wollten es einmal so richtig krachen lassen. Endlich auch einmal unvernünftig sein. Na ja – natürlich in Maßen.

Im Gegensatz zu mir sprach Suse fließend Französisch. An unserem letzten Abend suchten wir uns ein besonders schickes Restaurant aus.

„Darauf kommt es jetzt auch nicht mehr an", sagte Suse und bestellte zwei Glas Champagner. Mit Blick aufs Meer, eisgekühltem Champagner und leiser Klaviermusik fühlten wir uns „wie Göttin in Frankreich". Vor uns auf der Terrasse eine Gruppe leicht angetrunkener Gäste. Ich nippte an meinem Glas und betrachtete die beiden sehr jungen Mädchen. Ihre Begleiter waren mindestens doppelt so alt. Plötzlich wurde mir kalt. Ich stellte mein Glas ab.

„Suse", sagte ich. „Siehst du diesen affigen Typen, da rechts vor uns? Der ist tot!"

Suse lachte und schüttelte den Kopf. „Na, für einen Toten ist der aber noch sehr lebendig. Ziemlich eklig, wie die sich an die jungen Dinger ranschmeißen!"

„Entweder bin ich schon völlig gaga, oder das ist Volker R. Und der ist in Havanna ertrunken!"

Die beiden Paare schienen dem Kellner nicht unbekannt. Er dienerte und hofierte sie auffällig.

„Suse, du sprichst doch französisch. Frag doch den Kellner, wer der dunkelhaarige Typ ist."

Zuerst weigerte sie sich, diesen Unsinn mitzumachen. Doch dann winkte sie den Ober heran.

„Sagen Sie, ist dieser Herr da nicht Michael S.? Ich fände es peinlich, ihn nicht zu erkennen!"

Der Kellner schüttelte den Kopf.

„Nein, nein, das ist ein Stammgast von uns. Er hat sich vor einiger Zeit an der Côte niedergelassen. Er heißt, so weit ich weiß, Volker R.!"

Mir blieb die Luft weg. Was sollte ich tun? Die französische Polizei zu informieren, würde nichts bringen.

Volker R. hatte seinen eigenen Tod inszeniert. Ob seine Frau wusste, dass er noch lebte und sich hier mit diesen Mädels amüsierte?

Auf dem Polizeipräsidium in München schien man den Fall Volker R. schon zu den Akten gelegt zu haben. Die Beamten behandelten mich wie eine aufdringliche Wichtigtuerin. Sehr widerwillig notierte ein Beamter, was ich in Nizza in Erfahrung gebracht hatte.

„Vielleicht hatten Sie ja einen in der Krone", sagte er. „Da verschiebt sich schon mal die Optik!"

Ich verlangte nach seinem Vorgesetzten, zeigte diesem meinen Dienstausweis und schilderte den Fall Volker R. inklusive des gefakten Todes in Havanna.

„Wir gehen der Sache nach!", versicherte er mir. Ich hatte den Eindruck, dass er mir ebenso wenig glaubte, sondern nur bessere Manieren hatte.

Nach dem frustrierenden Polizei-Intermezzo rief ich Heider auf Mallorca an.

„Bist du dir sicher?", fragte er. Und nach einer kleinen Pause: „Weißt du, das würde genau in das Bild passen, das ich von Volker R. habe. Ich kenne da noch ein paar aus der oberen Etage in München. Lass mich mal machen!"

Gut, dachte ich, jetzt hab ich diesen Gauner wenigstens von den Hacken. Wenn sie ihn entwischen lassen, ist das die Schuld der Polizei.

Ich entsorgte den Ordner endgültig.

Wieder ein paar Monate später las ich auf der Wirtschaftsseite der Süddeutschen Zeitung unter dem Titel „Totgeglaubte leben besser", dass die Polizei mithilfe ihrer französischen Kollegen Volker R. in Nizza verhaftet habe. Ich schickte Heider den Zeitungsausschnitt in sein Rentnerparadies.

HEULENDE WÖLFE

Ich mag Musik. Für einen herrlichen Blues oder einen Song von Muddy Waters könnte ich sterben. Mit Heavy Metal hingegen habe ich so meine Schwierigkeiten. Es ist mir einfach zu laut. Die Texte verstehe ich meistens nicht. Kurzum: Niemals würde ich freiwillig in ein Heavy-Metal-Konzert gehen.

Der Pfändungsbeschluss, der vor mir lag, führte mich aber genau dorthin. Abendkasse pfänden und diverse Taschenpfändungen vornehmen.

Zu dieser Zeit hatte ich einen jungen Rechtsreferendar, der mich ein paar Monate lang begleiten sollte. Harry, 25 Jahre alt, war ein hoch aufgeschossenes Kalb mit einem weichen Herzen. Wenn wir loszogen, begann er schon im Vorfeld zu jammern: „Diese armen Menschen, haben Sie denn gar kein Mitleid mit denen?"

Anfangs versuchte ich ihm zu erklären, dass die meisten Opfer ihrer unüberlegten Kaufsucht waren, zu nachlässig mit Geld umgingen oder einfach nur Betrüger waren.

„Ja, aber", meinte er dann, „das alte Mütterchen, das seine Telefonrechnung nicht zahlen kann, oder ein Gehbehinderter, der als einziges Vergnügen nur seinen Fernseher hat, den Sie ihm dann auch noch wegpfänden oder …"

„Erstens pfände ich keine Fernseher von Behinderten, die sind meistens sowieso nichts wert. Um das alte Mütterchen kümmert sich das Sozialamt …"

„Aber haben Sie denn gar kein Mitleid mit diesen Leuten?"

Harry, dieses sozial romantische Kerlchen, ging mir ganz schön auf den Keks.

„Harry", sagte ich. „Wenn ich mir pausenlos Gedanken über Recht oder Unrecht eines Pfändungsbeschlusses machen würde, müsste ich mir einen anderen Beruf suchen! Und ja, es gibt Kunden, vor deren Elend mir ganz matt wird. Mit denen suche ich dann nach einer für sie machbaren Lösung. Ein Großteil meiner Kundschaft, zumindest hier in meinem Gebiet, sind Hallodris oder auch Betrüger, die andere in den Ruin getrieben haben!"

„Aha", sagte Harry und schien über die ihm unbegreifliche Welt nachzudenken.

Harry kam aus einem wohlbehüteten Elternhaus. Der Vater Rechtsanwalt, die Mutter erste Geigerin im Orchester der Oper. Er hatte noch eine Schwester, die Malerei studierte, und einen Bruder, der Architekt werden wollte. Eine nicht unvermögende Bilderbuchfamilie des gehobenen Bürgertums. Eine, denen das Wort „Pfändung" bestimmt einen leisen Schauder über den Rücken jagte.

Harry hatte eigentlich Musik studieren wollen. Doch nach ein paar Semestern erschien ihm das reizlos. So reizlos, wie ihm die Hausmusikabende seiner Eltern erschienen, bei denen er das Cello spielen musste. Weshalb er dann zu Jura umschwenkte, konnte er mir nicht vernünftig erklären.

„Das lag doch am nächsten", sagte er. Wahrscheinlich wurde er vom Vater beeinflusst. Gernot L. galt als bester Strafverteidiger der Stadt.

Ein leidenschaftlicher Funke für die Jurisprudenz schien in meinem Herrn Referendar allerdings nicht zu glühen. Ich hätte ihn mir bestenfalls als engagierten Sozialarbeiter vorstellen können.

„Heute haben wir einen Abendtermin!", kündigte ich ihm an. „Open Air – falls es regnet, bringen Sie sich einen Schirm mit!"

Harry schien es nicht weiter zu interessieren, wo ich meinem gnadenlosen Beruf nachging. Er nickt und sagte: „Ich habe zurzeit das Auto meiner Schwester. Darf ich Sie abholen?"

Mir war das nur recht.

Harry war pünktlich. Kurz nach 19 Uhr 30 stand ich an der Kasse des Events. Harry ging auf Parkplatzsuche. Ich wollte bis knapp vor der Vorstellung warten und dann zur Tat schreiten.

Mein Referendar tauchte kurz vor Beginn des Konzerts auf. Mit glühenden Wangen und ziemlich in Rage.

„Was ist passiert? Einen Unfall gebaut?", fragte ich kopfschüttelnd.

Harry gab ein pfeifendes Geräusch von sich. Es klang, als würde eine Lok Dampf ablassen.

„Wissen Sie eigentlich, wer da heute auftritt?", fragte er mich.

Ich zuckte mit den Schultern.

„Keine Ahnung. Leute, die anderen Leuten Geld schulden und eine grässliche Musik machen!"

Harry sah mich verächtlich an.

„Es sind die ‚Howling Wolves' die berühmteste Heavy-Metal-Band der Welt! Der Schlagzeuger hatte einen Unfall und ist blind. Die Wölfe sind zwei Jahre nicht aufgetreten. Das hier soll ihr Comeback werden!"

Ich starrte Harry an.

„Sie und Heavy Metal? Ich fass es nicht! Sagen Sie nur noch, dass Sie dieses Gelärme mögen!"

Die Verachtung in Harrys Blick war nicht zu übersehen.

„Mein Gott, Sie sind ja ein wandelndes Vorurteil. Haben Sie sich je ernsthaft mit dieser Musik beschäftigt?"

„Sollte ich?"

„Ja, natürlich sollten Sie das, bevor Sie so über etwas sprechen, wovon Sie null Ahnung haben!"

„Kennen Sie etwa auch einen der Musiker?"

Harry nickte.

„Joe, der Schlagzeuger, war mit mir an der Musikhochschule. Er war der Begabteste von uns allen. Ich habe ihn bewundert, als er das ganze akademische Zeug hingeworfen hat und sich dieser Band anschloss. Er war bald der wirkliche Star bei den ‚Wölfen'. Dann hatte er diesen schrecklichen Unfall!"

Mein kleiner gelangweilter Bürgersohn glühte plötzlich vor Leidenschaft.

„Ich war selbst zu Beginn meines Musikstudiums Mitglied einer Hardrock-Band. Aber wir haben es einfach nicht draufgehabt!"

Langsam wurde mir dieses Kerlchen unheimlich.

„Sagen Sie bloß, dass Sie am allerliebsten Rockmusiker geworden wären!"

Harry sagte erst einmal gar nichts mehr. Er schüttelte nur den Kopf über so viel Unwissen meinerseits.

„Was und wen wollen Sie denn pfänden?", fragte er stattdessen.

„Die Abendkasse, weil der Veranstalter hoch in den Miesen ist. Und schließlich noch einen Joe Marger!"

„Joe!", Harrys Stimme kippte förmlich vor Empörung.

„Joe, das ist der, von dem ich Ihnen gerade erzählt habe! Wieso denn Joe?"

Langsam wurde mir die Sache unangenehm.

„Ihr Joe hat anscheinend über lange Zeit seine Ärzte nicht bezahlt!"

„Ja, wovon denn? Wenn er nicht spielen konnte!"

„Harry, ich mache nur meinen Job! Das Warum steht hier nicht zur Debatte! Außerdem schließt gerade die Kasse. Wir müssen uns beeilen, sonst sind die Einahmen verschwunden!"

Harry stellte sich mir in den Weg.

„Ich habe Sie noch nie um etwas gebeten. Pfänden Sie meinetwegen die heutigen Einnahmen, obwohl das auch heißt, dass die Band ohne Gage spielen wird. Aber lassen Sie vor dem Konzert die Jungs in Ruhe!"

Mich berührte Harrys Engagement.

„Okay – Abendkasse ja; das andere später. Aber dann müssen wir uns doch das Konzert anhören. Das hatte ich eigentlich nicht vor!"

„Das wird auch für Sie eine Offenbarung sein", versprach mein Referendar vollmundig.

Nachdem ich die Formalitäten in Sachen Abendkasse erledigt hatte, packte mich Harry am Arm und drängte mit mir durch die Menge nach vorn.

„Auch noch in Nähe dieser überdimensionierten Lautsprecher", maulte ich.

„Der am Schlagzeug. Sehen Sie ihn? Ja, der blonde Typ mit der Mähne. Das ist Joe!"

„Der mit der Blindenbrille?", fragte ich.

Harry schüttelte den Kopf. „Wie geschmackvoll von Ihnen!"

Dabei hatte ich es wirklich nicht so gemeint.

Die Musik war laut, sehr laut. Der Sänger, ein baumlanger Bursche mit Rastazöpfen, peitschte mit seiner messerscharfen Stimme auf die Zuschauer ein. Ich verstand kein Wort.

„Die Texte sind wohl nicht wirklich wichtig", flüsterte ich Harry ins Ohr.

Wieder dieser Blick. „Die Texte sind das A und O dieser Musik. Sie sind quasi die Gegenbewegung zu unserer Spaßgesellschaft. Immer politisch und auch sozial kritisch!"

Aber wenn sie niemand versteht, was bewirken sie dann? dachte ich. Allerdings hütete ich mich, das zu dem völlig ausgeflippten Harry zu sagen.

Nach zwei Stunden war ich taub. Falls ich einen Hörschaden bekommen hatte, würde ich Harry dafür zahlen lassen!

„So", sagte ich nach überstandener Strapaze, „jetzt müssen wir wohl oder übel Ihren Freund aufsuchen! Ich würde es verstehen, wenn Sie lieber nicht mitkommen!"

Das Stadion leerte sich langsam. Harry druckste herum.

„Katja, darf ich einen Vorschlag machen?"

Harry hatte mich noch nie mit meinem Vornamen angesprochen. Es war mir nicht unangenehm. Nur ungewöhnlich, weil er sonst so auf eine gewisse Förmlichkeit hielt.

„Na, dann los!", ermunterte ich ihn.

„Nach der Pfändung der Abendkasse bekommen die Jungs ja erst mal keinen Cent Gage. Okay, das kann ich noch verstehen. Aber Joe ist doch derjenige, den es am härtesten trifft. Keine Gage und dann noch eine Arztrechnung!"

Ich blieb stehen und schüttelte den Kopf.

„Harry, worauf wollen Sie hinaus? Ich habe den Beschluss in der Tasche. Ich muss ihn pfänden!"

„Er könnte doch nicht da gewesen sein!", versuchte es Harry weiter.

„Und wenn morgen in einer Kritik steht, dass besonders der blinde Schlagzeuger der Hit war? Wie stehe ich dann da?"

„Mein Gott – haben Sie denn gar kein Herz?"

Ehrlich gesagt, ich fühlte mich in diesem Augenblick gänzlich überfordert. Klar perlte an mir die Geschichte des Freundes nicht ohne Weiteres ab. Aber was sollte ich tun?

Harry gab nicht auf.

„Wie viel schuldet Joe diesem Arzt?"

„Viel!", antwortete ich.

„Wie viel?"

Ich zog den Pfändungsbeschluss aus meiner Aktentasche.

„Es sind genau 15 823,78 Euro! Alle Mahnungen waren erfolglos. Der Gläubiger kann jetzt, wie Sie wissen, einen Haftbefehl erwirken, oder ich nehme Ihrem Freund die eidesstattliche Versicherung gleich hier ab!"

Harry wiederholte die Zahl. Einmal, zweimal. Dann sagte er: „Ich zahle das! "

„Sie wollen den ganzen Betrag begleichen? Sind Sie verrückt geworden? 15 823,78 Euro? Haben Sie denn so viel flüssig?"

Harry zitterte vor Aufregung.

„Katja, mein Vater hat mir zum ersten Staatsexamen eine Ducati geschenkt. Die kann ich verkaufen!"

„Was ist eine Ducati?"

„Eines der edelsten Motorräder. Meine Ducati kostet neu etwa 33 000 Euro. Mehr als die Hälfte bekomme ich auf jeden Fall. Katja, bitte sagen Sie nicht Nein. Es ist das Mindeste, was ich für meinen Freund tun kann!"

Ich war sprachlos. War es Harry wirklich ernst, dieses Geschenk seines Vaters für die Schulden eines Freundes zu verkaufen?

Oder bezweckte er damit etwas? Aber was? Die ewige Dankbarkeit dieses Freundes? Und würde Joe es überhaupt akzeptieren?

„Wie lange dauert es, bis Sie die Maschine verkauft haben?"

Harry zuckte mit den Schultern.

„Es ist Frühjahr. Also Motorradwetter. Ich denke, nicht mehr als eine Woche! Wären Sie denn damit einverstanden?"

Mir wuchs das für den heutigen Abend über den Kopf.

„Lassen Sie uns morgen sprechen. Wenn Sie es noch immer für richtig halten, bin ich damit einverstanden!"

„Aber Sie haben doch Zweifel angemeldet, ob man Joe morgen noch erreichen kann!"

„Auf den Plakaten steht, dass ihr nächster Auftritt in Augsburg ist. Da müssen Sie mich dann eben hinfahren!"

„Perfekt", meinte Harry. „Ich bringe Sie jetzt nach Hause!"

„Wollen Sie denn nicht Ihren Freund begrüßen?"

„Ich habe den Tourneeplan. Das kann ich ein anderes Mal machen!"

Als ich am nächsten Morgen ins Büro fuhr, fragte ich mich, ob Harry wohl auch heute noch zu seiner Idee stehen, und falls nicht, was ich dem Gläubiger erzählen würde.

Harry war schon da. Er sah ziemlich übernächtigt aus.

„Ich habe kein Auge zugemacht", sagte er.

„Sie haben es sich also anders überlegt?", mutmaßte ich.

Harry lachte.

„Wo denken Sie hin. Hier habe ich die Papiere. Die Maschine steht unten auf dem Parkplatz. Wir könnten doch, bevor ich Sie diesem Arzt in den Rachen werfe, eine kleine Runde drehen!"

Ich bin nicht auf diesen Feuerstuhl gestiegen. Ich habe, nachdem ich Harry nochmals eindringlich gefragt habe, ob dieser Entschluss endgültig sei, ein Pfandsiegel auf das teure Stück geklebt. Dann hat Harry die Ducati in die Verwahrstelle gefahren.

Als er wiederkam, fragte ich: „War der Abschied schwer?"

Harry nickte. „Schon!"

„Wann wollen Sie Ihren Opfergang denn Ihrem Freund erzählen?"

„Gar nicht", antwortete Harry. „Wahrscheinlich würde er es nicht annehmen. Aber ist es nicht letzten Endes egal, wer diese Rechnung bezahlt hat?"

Ich überlegte, ob einer meiner Freunde wohl zu solch einem Opfer bereit wäre. Wahrscheinlich war es sehr gut, dass ich es bei einem Gedankenspiel belassen habe!

BLINDE LIEBE

Er wohnte in einem unscheinbaren Mietshaus in einer grauen, baumlosen Straße in Milbertshofen.

Fabian W. war 33 Jahre alt, alleinstehend und sehr blond: helle Haare, fast weiße Wimpern und Augenbrauen über wasserblauen Augen. Kein attraktiver Mann, dachte ich, als er mir die Wohnungstür öffnete. Die schlaffe Körperhaltung verstärkte den Eindruck eines Stubenhockers, und seine Haut war fahl, als ob sie seit Monaten keine Sonne mehr gespürt hätte. Sein Lächeln allerdings gefiel mir; es war so zutraulich, obwohl ich erstens eine Fremde für ihn war und zweitens eine Gerichtsvollzieherin, die ihm wegen eines Kredits von 20 000 Euro auf die Pelle rücken musste.

Fabian W. war Zinsen und Rückzahlung seit ein paar Monaten schuldig geblieben. Von Beruf war er Programmierer und bei einer großen Münchner Firma vier Tage pro Woche beschäftigt. Er verdiente 1 800 Euro netto, und weshalb er in Geldnöten war, erschloss sich mir auf den ersten Blick nicht.

Die kleine Wohnung war spärlich und sehr schlicht möbliert, dafür hatte er sein Geld bestimmt nicht ausgegeben. Die Möbel sahen eher wie Sperrmüllstücke aus. Einzige Ausnahme: die Computeranlage. Er hatte drei Bildschirme und verschiedene Tastaturen und Rechner auf seinem Ikea-Schreibtisch stehen. Sie sahen zwar nicht neu aus, aber sehr professionell, soweit ich Computer-Depp das feststellen konnte.

Fabian W. war meinem Blick gefolgt: „Das ist alles mehr oder weniger selbst zusammengebastelt und auf dem Markt nicht viel wert. Außerdem brauche ich die Computer für meine Arbeit, die dürfen Sie mir bitte nicht wegnehmen."

Ich fragte ihn, ob er 4000 Euro zur Verfügung habe. Er verneinte. Ob er irgendetwas von Wert besitze, um seine Schulden zumindest teilweise abzutragen.

Er schüttelte den Kopf. Er hatte Haare wie ein Küken so fein. Irgendwie tat er mir leid, obwohl ich ihn überhaupt nicht kannte. Er sah so aus, als ob man ihn vor der bösen Welt beschützen müsse. Als ob er niemanden fände, der diese Aufgabe übernehmen wollte. Fabian W. sah einfach schrecklich einsam aus.

Wir setzten uns an seinen Schreibtisch; einen anderen Tisch gab es in diesem Zimmer nicht. Auch keinen Fernsehapparat, keine Stereoanlage, nicht einmal ein Radio. Er hatte seine Computer, das schien ihm vollends zu reichen. Seine schmalen Hände strichen unruhig über die Tasten.

„Ich bin im Moment nicht flüssig, und ich weiß, dass das ein Problem ist."

Es ist immer ein Problem, der Bank Geld zu schulden. Banken wollen ihr Geld unbedingt zurückhaben und sind bei kleinen Schuldnern in der Regel erbarmungslos. Ab und zu findet sich ein Sachbearbeiter, der für gewisse Zeit beide Augen zudrückt, aber diese Spezies ist in Banken sehr selten zu finden.

„Ja, ein großes Problem, und deshalb bin ich hier. Darf ich Sie fragen, wofür Sie den Kredit verwendet haben?"

Er ist ein Spieler, dachte ich, und dass er wahrscheinlich nächtelang am Computer hing und bei irgendwelchen Online-Spielen Geld verlor. Fabian W. erschien mir wie der typische Nerd, der Mann ohne Freundin und Freunde. Doch seine Antwort überraschte mich.

„Ich nehme an, es hat mit Liebe zu tun", sagte Fabian W. Er schaltete einen Computer an, und auf dem Bildschirmschoner erschien das Gesicht einer wunderschönen jungen Frau: olivfarbene Haut, leicht orientalische Gesichtszüge, üppige schwarze Locken, große, mandelförmige Augen und das selbstbewusste Lächeln einer Frau, die um ihre Attraktivität weiß.

„Darf ich vorstellen: Das ist Salima aus Wien", sagte er und strahlte seinen Computerbildschirm an. So viel Verzückung hatte ich in einem Gesicht selten gesehen.

Schönheit kann wehtun, dachte ich. „Sehr hübsch. Aber sie sieht nicht aus wie eine Österreicherin."

„Nein, ihre Mutter ist aus dem Iran und ihr Vater Syrer. Aber Salima ist in Wien geboren und aufgewachsen, und sie spricht perfekten Wiener Dialekt, was bei ihr sehr komisch klingt."

„Und sie ist … Ihre Freundin?"

Ich fragte das eher zögerlich. Schließlich schienen die perfekte Salima und der unscheinbare Fabian ein seltsames Paar. Andererseits: Wo die Liebe hinfällt …

„Wir haben uns vor einem Jahr kennengelernt, Salima und ich. Über eine Internet-Freundschafts-Seite. Seither skypen wir miteinander, zweimal pro Woche je eine Stunde – von 19 bis 20 Uhr. Salima hat einen sehr strengen Vater, ihre Mutter ist tot. Ist sie nicht die schönste Frau der Welt?"

Auf jeden Fall zu schön für dich, dachte ich, nickte aber zustimmend.

„Und Sie haben sie doch sicher schon getroffen, wenn Sie sich seit einem Jahr kennen?"

Fabian nickte. „Aber nur ein Mal, da haben wir uns in Linz gesehen, sozusagen auf halber Strecke."

„Ein einziges Mal?", fragte ich mit ungläubiger Stimme.

„Ihr Vater lässt sie kaum aus den Augen, sie ist ja erst 19. Sie arbeitet für ihn, er hat ein kleines Reisebüro für Landsleute in Ottakring."

Zufällig wusste ich, dass Ottakring nicht gerade der vornehmste Bezirk von Wien war. Eine meiner europäischen Lieblingsstädte, ich war schon ein paarmal da gewesen. Ottakring war bekannt für ein Bier dieses Namens und Wohnungen mit

Außentoiletten. Ein Arbeiterviertel mit hohem Ausländeranteil, Touristen verirrten sich selten dorthin.

„Es ist also mehr oder weniger eine Computerbeziehung", sagte ich, während Fabian W. seine Angebetete auf dem Bildschirm mit den Augen verschlang. Ein verzücktes Lächeln umspielte seine Lippen. Er war eindeutig rettungslos verliebt in die Schöne, sodass ich mir bereits denken konnte, wohin sein Geld geflossen war.

„Es ist die große Liebe", sagte Fabian W. „Und ja, ich habe ihr Geld geschickt, weil Salima ihre zwei Schwestern unterstützen muss, die im Iran geblieben sind. Dafür habe ich den Kredit aufgenommen. Salima sagte mir, dass sie mir monatlich etwas zurückzahlt. Aber im Moment kann sie es nicht, weil ihr Vater ihr kein Gehalt gibt. Es ist alles sehr schwierig in dieser Familie. Ich habe sie schon dreimal gefragt, ob sie mich heiraten und hierherziehen möchte."

Ich war mir ganz sicher, was Salima darauf gesagt hatte: Nein. Ich betrachtete ihr Foto mit nüchternen, lieblosen Augen. Sie sah einfach nicht aus wie 19, sondern ein paar Jahre älter, mindestens. Es war der Ausdruck ihrer Augen, die schienen mir schon viel gesehen zu haben.

Das Lächeln war auch nicht jungfräulich, eher wissend, vielleicht sogar berechnend. Gut möglich, dass mein Beruf mich so misstrauisch gemacht hatte: Gerichtsvollziehern wurden zu viele Lügen erzählt.

Fabian W. wusste hingegen wenig von der realen Welt. „Ich bin sicher, dass sie mir das Geld zurückzahlen wird, wenn sie kann. Salima hat es mir versprochen."

Und du glaubst alles, was sie sagt, dachte ich, weil du blind vor Liebe bist. Beinahe hätte ich ihm mütterlich über die Wange gestrichen.

„Das mag ja alles sein, Herr W., doch die Probleme haben Sie hier und jetzt. Wenn Sie mir gar nichts anbieten können, wird die Bank sich an Ihren Arbeitgeber wenden und Ihr Gehalt pfänden. Dann bleibt Ihnen nur ein Restbetrag Ihres Einkommens – zum Sterben zu viel und zum Leben zu wenig."

Er sah mich an wie ein begossener Pudel.

„Das wäre mir aber sehr unangenehm", sagte er. „Andererseits lebe ich sehr bescheiden und brauche nicht viel Geld. Ich habe alles, was ich monatlich übrig hatte, an Salima überwiesen. Sie hilft auch noch ihren Cousinen, die in Syrien geblieben sind. Sie ist wirklich der selbstloseste Mensch, den ich kenne."

Wie viele Menschen kennst du überhaupt? dachte ich. Armer Fabian W., der – da war ich ziemlich sicher – einer Frau aufgesessen war, die ihn gnadenlos ausbeutete. Ich hatte nur keine Ahnung, wie ich ihm das beibringen sollte.

„Haben Sie denn irgendwelche Verwandten, die Ihnen mit erst einmal 4000 Euro aushelfen könnten?"

Fabian W. wandte seinen Blick nicht vom Bildschirm.

„Tja, ich habe einen älteren Bruder, der es zu was gebracht hat. Kai besitzt kleine IT-Firma in Berlin. Wir haben uns ziemlich aus den Augen verloren, Kai und ich, aber …"

„Fragen Sie ihn", drängte ich ihn. „Mehr als Nein kann er ja wohl nicht sagen."

Kurz darauf erschien Bruder Kai auf dem Bildschirm. Er war auch kein Schönling, doch angefangen von der schicken teuren Brille bis zum Haarschnitt und den weißen Zähnen strahlte Fabians Bruder Erfolg und Geld aus. Und er schien einen seltsamen Sinn für Humor zu haben. Als er hörte, dass eine Gerichtsvollzieherin neben seinem Bruder saß, brach er in schallendes Gelächter aus.

Er winkte mir sogar zu. „Ich werd nicht mehr, kleiner Bruder – ne Kuckuck-Tante. Ist sie wenigstens optisch ein Knaller?"

Ich duckte mich von der Computerkamera weg, und Fabian sagte: „Na sicher, sie ist wirklich sehr nett. Aber wenn ich jetzt nicht 4 000 Euro zurückzahlen kann, kriege ich richtig Schwierigkeiten."

Das schien Kai wieder sehr zu belustigen. Doch nachdem er gelacht hatte, wurde er ernst und fragte nach den Gesamtschulden. Sein Bruder beichtete ihm den 20 000-Euro-Kredit, log ihn aber an, als er ihm erzählte, dass er das Geld für ein Auto ausgegeben habe – einen gebrauchten BMW.

„Echt jetzt – du fährst Auto? Da bin ich aber platt, ich dachte, du bist der ewige Radfahrer", sagte Kai und grinste wieder. Ziemlich selbstgefällig, wie ich fand. Andererseits sprach er im nächsten Satz davon, seinem Bruder unter die Arme zu greifen.

„Ich schenk dir die Kohle, habe gerade einen fetten Deal gemacht. 20 000 für meinen kleinen Bruder, das ist doch Ehrensache. Sag deiner Gerichtstussi, dass ich gleich 'ne Online-Überweisung auf dein Konto vornehme. Noch dieselbe Bank?"

Fabian bejahte und wischte sich eine einsame Träne aus dem Auge.

„Danke, Bruder. Aber ich zahl dir das Geld irgendwann zurück, Ehrensache."

„Quatsch, ich brauch die Kohle nicht. Vielleicht, wenn ich mal pleitegehe, dann pumpe ich dich an, aber im Augenblick schwimme ich im Geld. Weiß gar nicht, wohin damit."

Fettes Grinsen.

„War's das, Bruderherz? Ich muss zum nächsten Meeting. Und grüß mir deine Kuckuck-Tusse. Mann, werde ich heute Abend was zu erzählen haben ..."

Weg war er, und auf dem Bildschirm erschien wieder Salima, die Schöne.

Fabian W. schien sehr erleichtert, wofür er auch allen Grund hatte.

„Großzügig, Ihr Bruder", sagte ich.

Fabian lächelte mich entschuldigend an.

„Sie nehmen ihm die Kuckuck-Tusse doch nicht übel, oder? Kai hat einen schrägen Humor und eine große Klappe. Aber er hat ein Herz aus Gold."

Das schien zutreffend zu sein.

„Ist schon in Ordnung. Soll ich warten, bis die Überweisung durch ist? Dann können Sie Teilschulden zurückzahlen – sowie die Mahngebühren und die Kosten für meine Arbeit."

Ich legte ihm eine Rechnung vor, und Holger W. überflog sie flüchtig. Geld schien ihn wirklich nicht zu interessieren. Auf eine ganz andere Art als sein erfolgreicher Bruder war Fabian ein Freak, der zu viel Herz hatte. Dass er es ausgerechnet an eine Frau verloren hatte, deren Bild ich misstraute, ärgerte mich. Ich brachte es nur nicht übers Herz, mit ihm darüber zu sprechen. Ging mich ja auch nichts an. Wenn er seine Schulden bezahlt hatte, war meine Arbeit erledigt. Weshalb ich mich bald vom ihm verabschiedete und meiner Hoffnung Ausdruck gab, dass wir uns nicht so bald wiedersehen würden.

Das wunderbare, verletzliche Fabian-Lächeln zum Abschied. Ich vergaß es nicht, und ein paar Tage später, als mein Praktikant aus dem Urlaub zurückkam, erzählte ich ihm die Geschichte von Fabian und Salima. Im Gegensatz zu mir war mein Praktikant computersicher; außerdem schätzte ich an ihm, dass er trotz eines betuchten Elternhauses sozial sehr engagiert war.

„Vielleicht täusche ich mich ja auch in dieser Salima. Aber ich glaube wirklich, dass sie den armen Kerl ausnimmt wie eine Weihnachtsgans. Könnten Sie mal in diese Internet-Plattform reinschauen, ob Sie der Dame aus Wien dort begegnen?"

Er fragte, wie sie denn aussähe, und ich beschrieb sie ihm. „Sie werden sie gleich erkennen, so viele schöne Frauen mit Mandelaugen wird es ja wohl nicht geben. Angeblich ist sie erst 19, aber ich schätze sie auf circa 30. Sie hat diesen wissenden Blick."

Mein Praktikant grinste mich frech an: „Und Sie kümmern sich jetzt um die Nerds dieser Welt. Und was, wenn diese Salima echt ist?"

„Dann würde mich das für die beiden freuen."

Das meinte ich ehrlich, glaubte aber nicht daran. Vielmehr fürchtete ich, dass die Schöne meinen Lieblings-Nerd noch weiter ausnehmen würde, wenn ich sie nicht stoppen konnte.

Wie gut, dass ich einen so hilfsbereiten Mitarbeiter hatte! Er setzte sich noch am selben Abend an den Computer und rief mich kurz vor Mitternacht an: Er hatte eine Salima in dem Internetportal gefunden, auf die meine Beschreibung zutraf.

„Und was soll ich jetzt machen, Chefin?"

„Na was schon? Schreiben Sie ihr und lassen Sie anklingen, dass Ihre Eltern vermögend sind. Machen Sie aber ein bisschen auf Nerd, Salima soll schließlich denken, dass sie bei Ihnen auch leichtes Spiel hat."

„Sie ist wirklich sehr hübsch", sagte mein Praktikant am Telefon. „Wer weiß, vielleicht verliebe ich mich auch in sie."

„Über so etwas macht man keine Witze."

Ich beendete das Gespräch und ging zu Bett mit dem Gefühl, das Richtige zu tun.

Mein Praktikant hielt mich über die Verbindung mit Salima auf dem Laufenden. Tatsächlich fingen sie an zu chatten und zu skypen, und irgendwann brachte die Schöne ihre Schwestern im Iran und ihre Cousinen in Syrien ins Spiel. Sie fragte nicht gleich nach Geld, sondern bereitete mit ihren traurigen Familiengeschichten die Sache vor. Nach ein paar Wochen wurde sie dann konkreter und fragte ihren neuen Freund, ob er ihr denn 20 000 Euro leihen könne. Sie würde natürlich alles zurückzahlen. Aber sie müsse jetzt dringend ihren Schwestern unter die Arme greifen.

„Salima ist wirklich sehr überzeugend", sagte mein Praktikant. „Würde ich die Hintergrundstory nicht kennen, hätte ich mich tatsächlich in sie verknallt …"

„… und ihr Geld in den Rachen geworfen", hielt ich dagegen. „Männer sind schönen Frauen einfach nicht gewachsen."

Das bestritt er natürlich, doch ein bisschen wehmütig war er schon, als ich ihm sagte, dass er seine Internetaffäre mit Wien beenden und Mitschnitte seiner Salima-Konversationen im Netz an Fabian W. weiterleiten solle. Anonym.

„Er soll also nicht wissen, dass es von Ihnen kommt?"

„Nein", sagte ich. „Womöglich würde er mich dafür hassen. Ich will nur, dass er Bescheid weiß. Dann kann er seine Entscheidung treffen, ob er sich weiter von ihr ausnutzen lässt oder nicht."

Mein Praktikant tat, wie ich ihm gesagt hatte. Fabian W. bekam zu lesen, dass seine Salima noch weitere Eisen im Feuer hatte und er sicher nicht ihre große Liebe war.

Wie er sich dann letztendlich entschied, habe ich nie erfahren. Wir sind uns nicht mehr begegnet.

ZOCKERGLÜCK

Es gibt Kunden, denen wünsche ich die Pest an den Hals. Genau zu dieser Kategorie gehörte Klaus A. Er schien Pfändungsbeschlüsse zu sammeln wie andere Leute Briefmarken. Das Unangenehme an diesem Mann war, dass er anscheinend die Gabe besaß, sich unsichtbar zu machen. Zwar hatte Klaus A. eine feste Adresse. Anzutreffen war er dort leider selten.

Ich hörte mich also in der Nachbarschaft um. Die einen wollten ihn selten zu Gesicht bekommen haben. Die anderen sagten, dass er immer am späten Abend in einem der Spielcasinos in der Münchner City anzutreffen sei.

„Der verzockt seine komplette Kohle!", meinte der Hausmeister. „Kriegen Sie etwa Geld von ihm?", fragte er neugierig.

Das ging ihn nun gar nichts an.

„Nein, nein", sagte ich." Ich muss ihn nur persönlich sprechen. Wissen Sie denn, wie die bevorzugte Spielhölle von Klaus A. heißt?"

„Nicht wirklich! Er hat mir nur mal erzählt, dass er in einem Schuppen, der so ähnlich wie ‚Lucky Star' heißt, immer gewinnt. Er wollte mich sogar überreden mitzukommen. Aber ich zocke nicht. Meine Alte würde mir den Arsch aufreißen!"

Ich beauftragte meinen Referendar, mal die Clubs zu checken. Vielleicht hatte der Hausmeister mit seinem „Lucky Star" recht.

Es gab tatsächlich einen Spielsalon mit diesem Namen. Im Vorderraum war eine etwas schmierige Bar. Hinten wurde gespielt. Karten, wie mir mein Mitarbeiter berichtete.

Der erste Schritt war also getan. Wie aber sollte ich Klaus A. erkennen? Vielleicht würde der redselige Hausmeister weiterhelfen.

„Also schuldet er Ihnen doch Geld", sagte er schadenfroh. „Sie haben Glück. Von unserem Sommerfest gibt es ein Foto. Da ist er mit drauf. Einen Moment!"

Er verschwand und kam mit einer zerknitterten Fotografie wieder.

„Der da", sagte er und zeigte auf einen bulligen Mann Ende vierzig. „Das ist der Klaus!"

Ich fragte ihn, ob ich mir das Foto kurz ausleihen durfte.

„Wenn's hilft!", meinte er und übergab mir die Aufnahme.

Thomas, mein Hilfssheriff, wurde losgeschickt, um zu erkunden, wann der Zocker seinem Laster frönte. Er sträubte sich jedoch anfänglich.

„Wie soll ich das denn machen? Für Undercoveraufträge eigne ich mich nun wirklich nicht!", jammerte er.

Ich blieb unnachgiebig.

„Es fällt ja wohl weniger auf, wenn Sie sich in der Bar ein paar Bier genehmigen und den Wirt ausfragen, als wenn ich da herumhänge!" Ich musterte ihn. „Außerdem, mein Lieber, lassen Sie Ihre Fliege und die Flanellhose im Schrank. In diesem Milieu sind Jeans und Lederjacke angesagt!"

Ich gab ihm das Foto und hoffte, dass er sich nicht gar zu dusselig anstellen würde. Was ich ihm vorsichtshalber nicht gesagt hatte, war, dass die Münchner Bahnhofsgegend nicht gerade ein Pflaster für Weicheier war. In diesem Umfeld tummelten sich Zuhälterbanden und Berufszocker. Auf dumme Fragen würden diese Herrschaften wahrscheinlich nicht gerade freundlich reagieren. Aber da musste er durch.

Drei Tage beziehungsweise Abende brauchte Thomas, um mit der ersten brauchbaren Info rüberzukommen.

„Unser Kunde kommt zweimal in der Woche. In einem Hinterraum wird Blackjack und Poker gespielt. Angeblich gewinnt er ziemlich oft", erzählte mir mein Spion.

Ich fragte ihn, ob er auch schon in diesem Hinterzimmer gewesen sei.

Thomas sah mich irritiert an.

„Dann müsste ich doch ebenfalls spielen!"

„Können Sie denn pokern?", wollte ich wissen.

„Wir hatten an der Uni einen Poker-Club. Da ging es ganz schön zur Sache!"

Ich weiß nicht, welcher Teufel mich ritt. „Trauen Sie sich zu, mit diesen Typen ein paar Spielchen zu riskieren?", fragte ich eher scherzhaft.

Thomas wurde nervös.

„Ehrlich gesagt juckt es mich schon. Würden Sie das denn für richtig halten?", fragte er ganz vorsichtig.

„Wenn Sie nicht Haus und Hof verzocken, könnte es uns sogar helfen! Wie gut sind Sie denn?"

„Nicht schlecht", antwortete mein Hiwi selbstbewusst. „Ich war der Beste unter meinen Kommilitonen!"

„Also gut", sagte ich nach kurzem Nachdenken. „Aber immer vorsichtig sein!"

Mein Referendar schien Blut geleckt zu haben. In der folgenden Woche erschien er jeden Morgen mit roten Augen.

„Lange Nacht gewesen", murmelte er auf meine fragenden Blicke.

„Ja und?", fragte ich. „Ist unser Kunde da gewesen?"

Thomas schüttelte den Kopf.

„Ganz gegen seine sonstige Gewohnheit ist er nicht erschienen!"

Ich überlegte kurz, ob ich das Experiment nicht vielleicht lieber abbrechen sollte.

Als Thomas meinen Blick sah, meinte er: „Wenn ich mich

jetzt schon für diese strapaziösen Ausflügen hergebe, will ich den Kerl auch erwischen!"

„Haben die Typen dort Sie denn akzeptiert?"

Thomas grinste.

„Ich sagte Ihnen doch: Ich bin nicht schlecht!"

„Wie viel haben Sie schon verloren?", fragte ich vorsichtig.

„Verloren?" Thomas kicherte.

„Ich habe an einem Abend 2500 Euro gewonnen. Am nächsten Abend allerdings 2600 wieder verloren. Heute hole ich mir den Hunderter wieder!"

Wir vereinbarten, dass er mich sofort anrufen würde, wenn Klaus A. erscheinen sollte. Ich hatte inzwischen für meinen nächtlichen Ausflug zwei Polizisten angefordert. Man weiß ja nie, ob einer dieser Zockerbrüder ausrasten würde.

Ich wollte die Nummer so schnell wie möglich beenden. Mein Referendar genoss seine nächtlichen Ausflüge für meinen Geschmack zu sehr. Was würde ich tun, wenn er, manövriert durch seine Mitspieler, in die Miesen käme? Diese Aktion war von niemandem abgesegnet. Ich müsste es fairerweise aus eigener Tasche bezahlen. Ich nahm mir vor, ihm noch zwei Abende zu genehmigen. Ganz gleich, für welchen Superprofi sich Thomas auch hielt.

Am Morgen seines vorletzten Tages erschien Thomas strahlend im Büro. Er griff in seine Tasche und holte ein Bündel Hunderteuroscheine heraus und legte sie auf meinen Schreibtisch.

„Hier!", sagte er. „Das hab ich letzte Nacht gewonnen! Nicht schlecht, oder?"

Ich schaute den Packen Scheine an.

„Wie viel ist das?", fragte ich mit trockener Kehle.

„Das sind genau 8600 Euro!"

Ich nahm das Geld und zählte es.

„Was soll ich denn damit machen?", fragte ich ziemlich ratlos.

Thomas zog die Schultern hoch.

„Keine Ahnung! Gibt es da irgendeine Vorschrift, die das regelt?"

„Dieses ganze Unternehmen ist streng genommen gegen alle Regeln!", erwiderte ich. „Das Schlimmste daran ist, dass ich Sie dazu angestiftet habe!"

„Wollen Sie jetzt etwa aufgeben?", empörte er sich. „Ich würde vorschlagen, ich spiele noch einmal mit diesem Geld. Wenn unser Kunde morgen wieder nicht erscheint, vergessen wir das Ganze!"

Klaus A. kam tatsächlich am nächsten Abend. Thomas rief mich gegen 21 Uhr an.

„Aber bitte kommen Sie nicht vor 23 Uhr. Er ist im Augenblick nicht so gut am Zug."

Ich rief meine beiden Beschützer an. Wir verabredeten uns für kurz vor 23 Uhr vor der Bar in der Schillerstraße.

Zwischendurch kam noch ein Flüsteranruf meines Mitarbeiters. „Er gewinnt. Ist ein verdammt guter Zocker. Ich habe schon zwei Drittel meiner Kohle verloren. Also bis später!"

Die beiden Polizisten, beide ganz junge Kerle, hielten diesen Auftrag für „mal was anderes".

„Wenn's brenzlig wird", sagte der eine und klopfte auf seine Brusttasche, „hab ich eine Waffe!"

Mir wurde leicht flau im Magen.

„Na, ich hoffe nicht, dass wir das Ding brauchen. Also los, meine Herren!"

Die Bar war brechend voll. Trotz Rauchverbotes stand der Qualm meterdick im Raum. Der Wirt sah mich irritiert an, als ich mich mit meinen beiden Begleitern an ihm vorbei zum Hinterzimmer drängte.

„Was soll das denn?", knurrte er.

„Ist alles erlaubt, was hier geschieht!" Ich nickte ihm beruhigend zu. „Gilt nicht Ihnen. Keine Bange. Wir sind sofort wieder weg!"

In dem kleinen Hinterzimmer war die Luft ebenfalls zum Schneiden. Die beiden Polizisten betraten als Erste den Raum. Ich schloss die Tür hinter mir.

„Keine Aufregung meine Herren", sagte ich. „Wer von Ihnen ist Klaus A.?"

Mein Spion blickte vor sich auf den Tisch, während die anderen Herrschaften aufgeregt zu diskutieren begannen.

„Wir machen hier nichts Illegales", sagte schließlich ein Kahlkopf mit Nietenlederjacke.

„Mich interessiert nur Klaus A.", antwortete ich.

Dieser war langsam aufgestanden.

Die Polizisten rückten ein Stück näher an ihn heran. Das Gesicht von Klaus A. war rot vor Zorn.

„Was wollen Sie von mir?", zischte er. „Ich habe nichts verbrochen. Das hier ist eine Runde unter Freunden! Wollen Sie mich etwa verhaften? Zeigen Sie mir sofort den Haftbefehl!"

Ich schüttelte den Kopf.

„Verhaften will ich Sie nicht", sagte ich. „Kommen Sie bitte mit uns ins Nebenzimmer!"

Im Nebenraum waren Getränkekisten und Bierfässer gestapelt. Ich zeigte Klaus A. meinen Dienstausweis.

„Herr A. Ich habe Ihnen wiederholt Aufforderungen in Ihrem Briefkasten hinterlassen. Sie sollten sich bei mir melden. Ihre Gläubiger haben eine Zwangsvollstreckung angefordert. Und ja, ich könnte Sie aufgrund Ihres Nichtmeldens verhaften lassen!"

Klaus A. schnappte nach Luft.

Ich fuhr fort: „Das will ich allerdings heute nicht. Ich möchte Sie nur bitten, Ihre Taschen auszuleeren. Dies ist eine Taschenpfändung!"

Er stutzte und begann plötzlich hysterisch zu lachen.

„Aber gern doch", sagte er und legte seinen Schlüsselbund, ein Taschenmesser und Kleingeld auf den Deckel eines Bierfasses.

„Wenn ich um Ihre Brieftasche bitten dürfte!"

„Klar!"

Er griff in die Innentasche seiner Lederjacke und reichte mir eine abgenutzte schwarze Brieftasche.

Ich fand darin drei Hunderteuroscheine, zwei Scheine à zwanzig Euro und einen Schein von fünf Euro. Außerdem noch dreißig Dollar.

„Haben Sie noch mehr Bargeld?", fragte ich.

Er schüttelte den Kopf.

„Das habe ich gerade gegen so einen Schnösel verloren. Er hat mir sechs Tausender abgezockt. Aber filzen Sie den doch mal!"

Ich schrieb ihm eine Quittung über die 300 Euro. Den Rest ließ ich ihm.

Mir blieb nichts übrig, als meinem Kunden zu sagen, dass er sich morgen gegen 14 Uhr in meinem Büro einzufinden habe.

„Ich erwarte Sie zur Abgabe der eidesstattlichen Versicherung. Es sei denn, Sie wollen morgen Ihre Schulden bei mir bezahlen!"

„Ich kann's ja mal mit einem Bankraub versuchen", feixte er. Immer noch grinsend, verabschiedete sich Klaus A.

Thomas war schon vor mir im Büro. Auf meinem Schreibtisch hatte er, schön geordnet in Hunderter, Zweihunderter und ein paar Fünfhunderter, kleine Geldhäufchen aufgeschichtet.

„Die Beute von letzter Nacht", sagte er stolz.

„Wie viel ist das?"

„Genau 9 400 Euro! Ich hab einen unheimlichen Lauf gehabt. Als Sie weg waren, hat Ihr Kandidat auch noch ein paar Scheinchen abbekommen. Aber nichts gegen das hier!"

Ich schob das Geld zusammen und steckte es in einen Brief-
umschlag.

„Was machen wir jetzt damit?", fragte Thomas.

„Keine Ahnung", sagte ich. „Offiziell dürfen wir die
Kohle gar nicht haben. Die ganze Aktion war ja schon an der
Grenze …"

Das Geld lag eine Woche in einer verschlossenen Kassette in
meinem Schreibtisch. Dann hatte ich eine Idee.

„Was wäre, wenn wir das Geld anonym spenden?", schlug
ich vor.

„Hm", machte Thomas. „An wen dachten Sie denn?"

„Wie wäre es mit einem ‚Mutter-Kind-Heim'?"

„Langweilig", maulte Thomas.

„Dann schlagen Sie was vor. Schließlich haben Sie das Geld
verdient!"

Wir einigten uns nach langem Hin und Her auf einen Verein,
der sich um drogenabhängige Jugendliche kümmerte.

„Wären Sie dagegen, wenn ich 500 Euro dem Tierheim
spende?", fragte Thomas noch.

„Nein", sagte ich. „Aber wie kommen Sie auf das Tierheim?"

Thomas lächelte. „Morgen werden Sie es begreifen!"

Am nächsten Morgen erschien Thomas mit einem kleinen pu-
scheligen Hund mit dunklen Knopfaugen.

„Das ist Winnie. Frisch aus dem Tierheim. Darf er mit ins
Büro kommen?"

Wie hätte ich Nein sagen können angesichts dieses Hunde-
blicks? Winnie war bald der Boss und begleitete mich manchmal zu meinen Terminen. Als Kampfhund war er allerdings
nicht einsetzbar.

EVAS PARADIES

Jedes Mal, wenn ich zu Fuß in mein Büro ging, fiel mir der winzige Laden auf, aus dem ein Duft kam, der mich an meine Kindheit erinnerte. Wie wir Kinder in der Küche saßen und darauf warteten, dass meine Großmutter die Tür zum Backofen öffnete. Es waren schöne Zeiten, in denen Kalorien noch keine Rolle spielten. Und meine Großmutter war hauptberuflich damit beschäftigt, hungrige Mäuler zu stopfen. Diese Art Großmütter scheint auszusterben, zumindest in den Städten. In München tragen sie Jeans, High Heels und gehen öfter zum Frisör.

Die Konditorei gab es erst seit ein paar Wochen, sonst wäre sie mir früher aufgefallen. Auf dem kleinen Schild an der Tür stand: Evas Tortenparadies.

Es war eine ungünstige Lage in einer Seitenstraße mit wenig Durchgangsverkehr. Eine Abkürzung, die ich nahm, wenn das Wetter schön und ich zu Fuß unterwegs war. Jedes Mal atmete ich tief ein, wenn ich an „Evas Tortenparadies" vorbeiging. Morgens und abends, und immer kämpfte ich mit mir, einfach durch die Tür zu gehen und eines von Evas Kunstwerken zu kaufen. Mindestens eines. Ich liebe Süßes, doch natürlich versuche ich, gesund und vernünftig zu leben und erst gar nichts nach Hause zu tragen, das sich in Hüftgold verwandeln könnte.

Doch an einem Abend im August – es war ein schrecklicher Tag mit sehr unangenehmen Klienten gewesen – gab ich der Versuchung nach und öffnete die Tür zu Evas Laden. Ein Glockenspiel ertönte, als ich eintrat. Ich war der einzige Gast, aber mehr als fünf hätten in dem winzigen Raum auch nicht Platz gefunden.

Drinnen sah es aus wie in einer Puppenstube. Alles war klein und in Pastellfarben gehalten, und hinter der zierlichen Glastheke präsentierten sich Mini-Törtchen in verführerischer Vielfalt: aus Schokolade, kaffeebraun, haselnussfarben, mit Himbeeren, Kirschen oder Mangoscheiben dekoriert, mit Blüten verziert oder Kreationen aus gesponnenem Zucker … Evas Miniatur-Torten waren eine optische Paradieslandschaft. Ich stand fassungslos davor und fragte mich, ob sie genauso gut schmeckten.

„Kann ich Ihnen weiterhelfen?"

Die Frau hinter der Theke hatte eine zwitschernde Stimme, und sie war klein und rund. Ich nahm an, dass es Eva war. Sie trug eine Schürze mit roten Punkten und sah aus wie eine Figur aus „Alice im Wunderland". Ihr Alter war schwer zu schätzen, vielleicht dreißig, und ihr Lächeln schien mir ein bisschen traurig.

„Ja, sicher. Ich kann mich bloß nicht zwischen all den Köstlichkeiten entscheiden", erwiderte ich. „Die sehen alle umwerfend aus."

„So schmecken sie auch", sagte Eva. „Was ist denn so Ihr Lieblingsaroma – eher fruchtig oder schokoladig?"

Alles, was süß ist, dachte ich. „Beides", sagte ich.

Sie zeigte auf ein Törtchen mit einer Glasur aus weißbraunen Streifen, gekrönt von einer Zitrusscheibe, die halb mit dunkler Schokolade überzogen war. „Das hier könnte es sein. Schoko-Limetten-Torte. Die Mischung aus süß und sauer ist einfach unwiderstehlich."

Wie konnte ich da Nein sagen? Ich kaufte die Mini-Torte, die in etwa einem großen Tortenstück entsprach. Sie kostete fünf Euro, und Eva verpackte sie sorgfältig in einem Mini-Karton.

„Haben Sie es weit nach Hause? Es wäre schade, wenn sie unterwegs schmelzen würde."

Es war ein warmer Sommerabend. Ich entschied mich, dieses Risiko gar nicht erst einzugehen, und setzte mich an den einzigen Tisch vor dem Laden. Eva kochte eine Tasse Kaffee und servierte mir die Torte auf einem geblümten Teller. Ich wies auf den zweiten Stuhl. „Wollen Sie sich nicht dazusetzen? Es ist ein so schöner Tag." Das war er tatsächlich geworden, aber erst, seitdem ich den Tortenladen betreten hatte.

Eva holte sich ebenfalls Kaffee und für sich eine ihrer Kreationen in Pink, die sich als Grapefruittorte herausstellte. Sie sah auch wunderbar aus, doch ich konzentrierte mich auf das Limetten-Schoko-Teil, das schmeckte, als wäre ich im Paradies der Gaumenfreuden. Süß in einem Schokoladenaugenblick, im nächsten wieder säuerlich und in der Verbindung aus beidem ein Geschmackserlebnis der besonderen Art. Ich schnurrte beinahe beim Essen, so wie meine Katze, wenn ich ihr etwas besonders Gutes zubereite.

Wir kauten schweigend. Leute, die vorbeigingen, sahen zwei Frauen, die im Tortenhimmel schwebten. Doch ich blieb während der ganzen Zeit die einzige Kundin, und das fand ich eigenartig. Als ich den letzten Krümel mit der Gabel aufgepickt hatte, machte ich ihr das Kompliment, dass ich noch nie in meinem Leben eine so gute Torte gegessen hätte.

Eva schien das keineswegs zu überraschen. „Wenn ich könnte, würde ich sie alle selber essen", sagte sie. „Aber", mit Blick auf die Rundungen unter ihrer Schürze, „eigentlich sollte ich nur gekochtes Gemüse … na ja, ist ja egal."

Da in diesem Augenblick ein Kunde in den Laden kam, stand Eva auf und zog sich hinter die Theke zurück. Ich zahlte und ging beschwingt nach Hause. Kalorien hin oder her – wenn etwas so köstlich war und so glücklich machte, konnte es auf keinen Fall schlecht sein.

Nach diesem Erlebnis kaufte ich noch zwei-, dreimal Evas Minitorten, doch dann kamen regnerische Wochen, und ich ging nicht mehr zu Fuß, sondern fuhr mit dem Auto ins Büro. Ich verdrängte die himmlischen Kuchen aus meinen Gedanken und aß vernünftig, um auch der Figur etwas Gutes zu tun. Umso überraschter war ich, als ich eines Tages die Akte „Eva G." auf den Tisch bekam. Erst als ich die Adresse las, brachte ich sie mit der Meisterbäckerin in Verbindung.

Eva G. schuldete der Bank 25 000 Euro, die sie als Startkapital für ihren kleinen Laden geliehen hatte. Seit vier Monaten war sie Zinsen und Tilgung des Kredits schuldig geblieben. Auf Mahnungen hatte sie nicht reagiert, also hatte die Bank nicht lange gefackelt und einen Gerichtsbeschluss erwirkt. Mein erster Gedanke war: Wie schrecklich, wenn sie den Laden zumachen muss! Mein zweiter: Das müssen wir irgendwie verhindern!

Ich zog ihren Fall vor und ging am selben Nachmittag noch in den kleinen Laden. Wieder stand sie in einer gepunkteten Schürze hinter der Glastheke, und wieder war der Laden leer, obwohl köstliche kleine Torten auf Kundschaft warteten. Die Auswahl war nicht mehr so groß wie beim letzten Mal, und Evas Lächeln erschien mir noch eine Spur trauriger. Sie erkannte mich sofort wieder.

„Sie waren lange nicht mehr da. Ich habe Sie schon vermisst."

„Ich musste ein bisschen Maß halten", sagte ich und zog meinen Ausweis aus der Jackentasche. „Und der Anlass dieses Besuches ist eher unangenehm: Sie schulden der Bank Geld, und sie hat einen Gerichtsbeschluss erwirkt. In diesem Fall gibt es prinzipiell drei Möglichkeiten: Entweder Sie zahlen, oder ich pfände, oder Sie leisten den Offenbarungseid, legen also all Ihre Finanzen auf den Tisch."

Eva G. sah jetzt sehr erschrocken aus und auch ein bisschen schuldbewusst. Sie tat mir leid. Und mein Magen sandte dringende Signale zum Hirn. „Sollen wir uns nicht hinsetzen und das bei einer Tasse Kaffee und Kuchen besprechen? Ich lade Sie ein."

Sie nickte und deutete auf die Auswahl, die mich wieder in Entscheidungsnöte brachte. Ein Törtchen sah besser aus als das andere, jedes Einzelne erschien mir als ein Kunstwerk.

Eva sah ihre Kreationen verliebt an, offenbar fiel auch ihr die Entscheidung schwer: „Vielleicht die Mohn-Orangentorte? Sie ist ganz wunderbar!"

Ich glaubte ihr jedes Wort und nickte. Eva G. nahm sich ebenfalls von dieser Torte, sie erinnerte sich auch, dass ich meinen Kaffee schwarz und ohne Zucker trank, und dann standen wir an der Theke und gabelten Mohnorangenmousse in einer Art Blätterteig, das auf der Zunge schmolz und augenblicklich Glücksgefühle auslöste. Für einen Moment vergaß ich den Anlass meines Besuches, und auch Eva G. sah nicht mehr ganz so schockiert aus.

Keinen Krümel ließ ich auf dem Teller zurück. „Sensationell", sagte ich und meinte es genau so.

„Sie machen die schönsten und besten Torten von München. Oder von der ganzen Welt. Wieso rennen Ihnen die Leute nicht die Bude ein?"

Eva G. sah mich hilflos an. „Ich weiß es wirklich nicht. Die Lage ist ungünstig, ich habe keine Laufkundschaft. Und für Werbung habe ich kein Geld. Ich habe überhaupt kein Geld mehr und kann gerade noch die Miete bezahlen. Im ersten Stock habe ich ein kleines Appartement, das will ich ja auch nicht verlieren. Ich spare schon, wo ich nur kann, und ernähre mich überwiegend von Torten, die ich nicht verkaufen kann. Aber wie ich es auch anstelle, ich kann diesen verdammten Kredit nicht abbezahlen."

An dem Punkt fing sie an zu weinen. Tränen liefen ihr übers Gesicht, und sie wischte sie mit einer Serviette weg. Ihr herzförmiges Gesicht war ein einziger großer Kummer: „Ich hab mir das viel einfacher vorgestellt mit dem Geschäft. Ich dachte, dass ich den Kredit in einem Jahr zurückzahlen kann. Ich habe ja nicht mal viel angeschafft. Aber der große Backofen war sehr teuer. Und die Zutaten … ach, ich weiß einfach nicht mehr weiter. Am besten wär's …"

Sie vollendete den Satz nicht, aber ich konnte mir schon denken, was sie damit gemeint hatte. So weit darf es nicht kommen, dachte ich. Eine Frau, die so begnadet Torten backen kann, darf nicht aufgeben.

Die Geschichte, die sie mir dann erzählte, war nicht ohne. Eva G. stammte aus einem Dorf am Chiemsee; sie war eines von fünf Kindern und hatte von ihrer Mutter das Backen gelernt. Nach der mittleren Reife begann sie eine Lehre als Kosmetikerin. Mit 17 verliebte sie sich in Hannes, der in einem Fitness-Studio arbeitete. Sie wurde schwanger und brach die Lehre ab; die beiden heirateten, und sie hatte eine Fehlgeburt. Eine weitere folgte, und Hannes, der inzwischen ein Fitness-Freak war, behandelte sie immer schlechter. Oft kam er nächtelang nicht nach Hause, und in ihrer Langeweile und Verzweiflung begann Eva zu backen. Nach den Rezepten der Mutter, später versuchte sie es mit eigenen Kreationen. In ihrer Nachbarschaft und Verwandtschaft wurden ihre Backkünste sehr geschätzt, doch Hannes, der sich nur noch vegan ernährte und für den „Ironman" trainierte, fand ihre neue Beschäftigung abartig. Außerdem beschimpfte er sie als „fette Tortensau", deren Anblick er nicht mehr ertrage.

Nach neun Jahren war die Ehe am Ende. Eva verliebte sich während der Scheidung in einen Münchner Immobilienmakler und zog zu ihm nach Schwabing, doch auch diese Beziehung zerbrach nach zwei Jahren. Mit dreißig, allein und ohne formale Ausbildung, beschloss Eva, sich als Geschäftsfrau zu versuchen. Sie lieh sich etwas Geld von ihren Verwandten, nahm den Kredit auf und eröffnete ihren kleinen Laden.

„Ich war so sicher, dass ich damit Erfolg haben würde", sagte Eva, nachdem sie mir ihre Geschichte erzählt hatte. Normalerweise will ich gar nicht zuhören, wenn Klienten so weit ausholen, um ihre missliche Lage zu erklären. Doch in Evas Fall war ich ganz Ohr. Die Frau hatte ein begnadetes Talent; doch sie war keine clevere Geschäftsfrau. Gute Ideen reichen nicht, man muss sie auch vermarkten können.

Ich sagte ihr, was dem „Tortenparadies" helfen könnte: Eva sollte einen Lieferservice aufziehen und ihre Torten auf einer Homepage im Internet anbieten. Außerdem sollte sie eine Studentin anheuern, die auf der Leopoldstraße Mini-Torten und Handzettel mit der Ladenadresse verteilte. „Klappern gehört zum Handwerk", sagte ich, während ein Duft von Zimt und Nelken durch den Laden schwebte.

Eva holte orientalische Feigentörtchen aus dem Backofen und stellte das heiße Tablett auf eine feuerfeste Unterlage. „Die müssen Sie unbedingt probieren, wenn sie ausgekühlt sind. Eine neue Rezeptidee. Sehr süß, aber mit Minzcreme gefüllt, die geschmacklich dagegensteuert. Und was Ihre Ideen betrifft: Die finde ich prima, aber wie soll ich das bezahlen, wenn ich nicht mal meinen Kredit bedienen kann?"

In meiner Begeisterung für Evas Torten und meine Vermarktungsstrategien hatte ich diese Kleinigkeit doch glatt vergessen! Doch umhüllt vom Duft orientalischer Backwaren spann ich meine Ideen weiter: „Ich kenne da jemanden, der Start-ups finanziert, also Leuten Geld leiht, die gute Geschäftsideen haben. Außerdem isst mein Bekannter für sein Leben gern Süßes. Wenn ich Sie beide zusammenbringe, dann wird er Ihnen sein Geld förmlich aufdrängen. Davon können Sie einerseits die fälligen Raten zahlen und auch den Internetauftritt und die Studentin finanzieren, die mit Ihren Mini-Kuchen durch die Straßen zieht. Ich kann Ihnen auch einen Computerfreak vermitteln, der Internetauftritte sehr kostengünstig konzipiert. Was meinen Sie?"

Sie meinte, dass ich die netteste Gerichtsvollzieherin sei, die sie je kennengelernt habe.

Das Kompliment klang komisch, doch ich wusste, wie sie es gemeint hatte. Eva G. wollte natürlich alles tun, um ihr „Tortenparadies" zu retten. Ich sicherte ihr zu, die Bank noch ein paar Tage hinzuhalten und meinen Bekannten umgehend anzurufen. Als Dankeschön gab es drei orientalische Feigentörtchen, die ich mit nach Hause nahm. Eigentlich wollte ich meiner netten Nachbarin zwei Stück abgeben, doch nachdem ich eines probiert hatte, aß ich sie alle drei ganz allein: mit schlechtem Gewissen und himmlischem Vergnügen.

Mein Bekannter griff ihr finanziell unter die Arme, ich hatte es nicht anders erwartet und konnte die Akte Eva G. ziemlich schnell schließen. Ab und zu ging ich am „Tortenparadies" vorbei und holte mir ein Stück Belohnung. Aber ich achtete darauf, es nicht zu oft zu tun.

Zwei Monate später war Evas Paradies in aller Munde. Lokalzeitungen berichteten darüber, dass sie die besten Torten Münchens backe. Wer bei ihr Süßes bestellte, musste dies ein paar Tage im Voraus tun, weil sie mit der Produktion bald nicht mehr nachkam.

Vor dem kleinen Laden standen die Leute Schlange bis hin zur Straße. Eva stellte zwei Mitarbeiter ein und sprach schon darüber, ein größeres Geschäft in besserer Lage aufzumachen. Ihre Schulden zahlte sie problemlos zurück.

Nur ich stehe jetzt in ihrer Schuld, weil sie es einfach nicht zulässt, dass ich für die Mini-Torten bezahle. Wenn ich auf dem Weg zu meinem Büro bei ihr vorbeigehe, und sie sieht mich, winkt sie mir zu, doch in den Laden zu kommen. Um mir eine ihrer neuen Kreationen zum Probieren zu geben. Es ist gar nicht gut für die Figur. Aber es macht glücklich!

SERVICETEIL

Bloß nicht den Kopf in den Sand stecken!

Die Gerichtsvollzieherin oder ihr männlicher Kollege hat Sie nicht im Losverfahren herausgepickt. Also spielen Sie nicht große Überraschung oder Empörung. Vorausgegangen sind unbezahlte Rechnungen, Mahnungen, die Sie entweder nicht geöffnet haben oder genervt auf den Stapel „Unerledigtes" geschoben haben.

Ihr Gläubiger hatte irgendwann die Faxen dicke und hat einen Mahnbescheid oder auch Titel gegen Sie erwirkt. Als Sie auch darauf nicht reagierten, nahm die Sache ihren Lauf: Der für Ihr Viertel zuständige Gerichtsvollzieher bekam den Auftrag zur Pfändung. In Ihrem Briefkasten fanden Sie eine Mitteilung, dass Sie sich bei ihm melden sollten.

Ist Ihr Gläubiger besonders erbost, kann er, falls Sie in der Zwischenzeit nicht gezahlt haben, verlangen, dass Sie die „Eidesstattliche Versicherung" abgeben. Jetzt spätestens sollten Sie aktiv werden: Rufen Sie den Gerichtsvollzieher an und vereinbaren Sie einen Termin mit ihm. Versäumen Sie auch das, wird er trotzdem und unangemeldet vor Ihrer Tür stehen.

Was dürfen Gerichtsvollzieher tun?

Sie müssen sie nicht in Ihre Wohnung lassen. Allerdings wäre das sehr unklug. Sie können den Zutritt per Gerichtsbeschluss erzwingen. Für Sie entstünden nur noch weitere Kosten (Schlüsseldienst).

Gerichtsvollzieher sind keine rüden Inkassotypen. Sehr oft haben sie Verständnis für ihre Kunden. Sie würden Ihnen den Pfändungsbeschluss zeigen und fragen, ob Sie den Betrag zahlen können. Ist das nicht möglich, können Sie eine Ratenzahlung anbieten. Allerdings sollte die Höhe des Ratenbetrages Ihren konkreten Möglichkeiten entsprechen. Also erst einmal nachdenken. Wenn auch das für Sie nicht machbar ist, werden Gerichtsvollzieher sich umsehen auf der Suche nach Gegenständen, die gepfändet werden könnten. Wichtig: Sie müssen einem Gerichtsvollzieher nicht sagen, wo Sie arbeiten. Auch Ihre Bankverbindung geht ihn nichts an.

Was darf gepfändet werden?

Die Stereoanlage, DVD-Player oder Kameras gehören zu den Lieblingsobjekten der Gerichtsvollzieher. Es sei denn, diese sind so schrottig, dass ein Verkauf nichts mehr einbringen würde.

Schmuck, selbst die Erbstücke Ihrer Großtante, werden gerne genommen.

Kunst, wertvolle Briefmarkensammlungen oder teure Teppiche werden ebenso einkassiert wie Antiquitäten. Dabei werden immer Sachverständige einbezogen. Versuchen Sie erst gar nicht, den billigen Druck von Albrecht Dürers Meisterwerk „Der Hase" dem Gerichtsvollzieher als Original unterzujubeln.

Autos, die noch einen Wiederverkaufswert haben, werden dann gepfändet, wenn Sie diese nicht zu Ihrer Berufsausübung benötigen. Das Gleiche gilt für Fahrräder.

Tiere können gepfändet werden, wenn sie wertvoll sind: zum Beispiel Rassehunde, Pferde, Katzen oder Koikarpfen, die beim Wiederverkauf mindestens die Schuldsumme decken.

Nicht gepfändet werden dürfen:

Alle Gegenstände, die Sie zu Ihrer Berufsausübung benötigen: Das kann ein Computer, ein Auto, ein Fahrrad, eine Nähmaschine oder ein Handy sein. Voraussetzung: Es ist in einer normalen Ausführung vorhanden. Ein Ferrari ist für einen Vertreter wohl kaum vertretbar. Eine Computeranlage mit fünf Bildschirmen ebenfalls nicht für einen Lehrer.

Der Fernsehapparat darf auch nicht gepfändet werden, falls es sich nicht um ein superteures Gerät für diverse tausend Euro handelt. Sie haben das Recht, sich über das Weltgeschehen zu informieren.

Was ist eigentlich ... eine Taschenpfändung

Dazu ist ein Gerichtsvollzieher berechtigt. Sie müssen ihm Ihren Geldbeutel oder die Brieftasche aushändigen. Er wird dann überschlagen, wie viel Geld Sie noch bis zum Ende des Monats benötigen, und den Rest gegen eine Quittung an sich nehmen.

Die eidesstattliche Versicherung

Ihr Gläubiger kann verlangen, dass Sie eine eidesstattliche Versicherung (früher Offenbarungseid genannt) abgeben, wenn alles Pfänden nichts gebracht hat. Zur Abgabe dieser Versicherung wird Sie der Gerichtsvollzieher schriftlich auffordern.

Erscheinen Sie nicht zu dem Termin oder weigern Sie sich, die Versicherung abzugeben, kann der Gläubiger verlangen, dass Sie in Haft genommen werden. Aber das ist immer nur die letzte aller Möglichkeiten.

Zum Termin bei dem Gerichtsvollzieher müssen Sie einen gültigen Personalausweis bzw. Pass mitbringen. Wenn Sie erst kürzlich die Wohnung oder die Stadt gewechselt haben, auch noch eine Anmeldebestätigung.

Was müssen Sie offenbaren?

Alles, was Sie gefragt werden, und zwar ohne Wenn und Aber. Die Angaben müssen korrekt sein. In diesem Fall will der Gerichtsvollzieher alles über Ihre finanziellen Verhältnisse wissen: Gehalt/Honorar, Bankverbindung, ob Sie Grundbesitz haben, Aktien in einem Depot liegen oder Sie eine Eigentumswohnung besitzen. Beantworten Sie Fragen nicht wahrheitsgemäß, machen Sie sich strafbar. Danach haben Sie aber wieder einmal Ruhe. Es sei denn, Ihr Gläubiger verlangt nach einer gewissen Zeit (meistens erst nach zwei Jahren) erneut eine eidesstattliche Versicherung.

Um es noch einmal zusammenzufassen: Das Wichtigste ist, dass Sie den Kopf nicht in den Sand stecken. Machen Sie auch unangenehm aussehende Post auf. Setzen Sie sich mit Ihrem Gläubiger oder dem Gerichtsvollzieher sofort in Verbindung.

Gerichtsvollzieher sind auch nur Menschen – und dazu oft noch sehr verständnisvolle.

*Axel Krohn &
Käthe Lachmann*
Hilfe, er bleibt ein
Frosch!

Band-Nr. 95061
9,99 € (D)
ISBN: 978-3-95649-065-1
eBook: 978-3-95649-364-5
240 Seiten

Ich küss mir die Lippen wund, und er wird doch kein Prinz. Habe ich Schmetterlinge im Bauch oder liegt's an der Lasagne? Kenne ich den Typen neben mir wirklich nicht, oder haben wir uns nur auseinandergelebt? Die Liebe ist ein seltsames Spiel und keine Frage zu verrückt, als dass sie nicht gestellt werden könnte. Doch keine Panik: Käthe und Axel wissen Rat und zeigen, wie's funktionieren kann zwischen Frau und Mann! Mithilfe der ultimativen Weisheiten, den Sprichwörtern aus aller Welt in Sachen Liebe, Sex und Partnerschaft erläutern sie, warum sich Maulwurfstunnel schneller verbinden als Menschenherzen und was Mann und Frau sonst noch so beim Anbaggern, Küssen und Beischlafen beachten sollten.